日本料理店の お弁当

仕出しや
折詰ならではの
技術と心づかい

平井和光・結野安雄（和光菴）

柴田書店

第1章

季節の松花堂弁当

第2章

仕出し弁当いろいろ

第3章

折詰いろいろ

第4章

弁当の詰め方

第5章

定番料理の作り方とこつ

終章

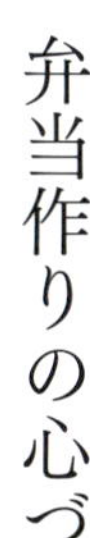

弁当作りの心づかい

コラム

デザイン／岡本洋平・島田美雪（岡本デザイン室）

撮影／高島不二男

協力／林漆器店・㈱勝藤屋今井・小川杉箱製作所

編集／高松幸治

本書をご覧になる前に

[本書の献立表記法]

通常の献立では料理を提供順に並べますが、弁当の場合、料理は一度に提供されるので順序がありません。そこで便宜上、箱に納まっている主となる料理を先に、それ以外の料理を後ろに配しています。

[料理写真について]

どの料理が弁当のどこに盛られているのかがわかりやすいように、上からの俯瞰写真には番号を打ち、料理名と対照させています。

[椀物の汁と造りの醤油について]

仕出しの場合は椀物の汁は基本的に吸い地で、保温ポットで運び、届け先で椀に張ります。また造りに添えるのは基本的に土佐醤油で、タレビン（スポイト状の小容器）で提供します。それぞれここでは作り方は省略しました。また椀のあしらいや、造りのつまなど、一部の料理についても作り方を省略しています。

[料理の分量と加熱時間]

煮物は鍋の大きさと火力で、焼物は素材と熱源の距離や火力で、加熱時間が変わります。調味料の分量も一度に作る量によって変わりますので、あくまでも目安としてください。またグラム数や目安となる割合などを記していないレシピは「口あたり」（分量を量らず、そのつど味見をして調味するもの）です。調味料名のみ示す点をご了承ください。

[基本の調味料と配合]

だし：昆布を水だしして火にかけ、沸騰直前で引き上げる。血合い入りのカツオ節を加え、20～30分間ことことと煮て、布ごしする。

吸い地八方：だしに酒、塩、淡口醤油を加え、追いガツオして吸い地程度の味つけにする。

浸し地：だし6、淡口醤油1、ミリン0・8の割合で合わせる。

割り醤油：だし5、淡口醤油1、ミリン0・8の割合で合わせる。

鶏ガラスープ：鶏のガラを掃除して、3、4つに叩き割る。水にさらして血抜きする。水、酒、鶏ガラ、ショウガ、ネギの青い部分、昆布を入れて、1時間半から2時間煮る。

土佐酢：だし4、濃口醤油1、ミリン1・5、酢1の割合で合わせ、追いガツオする。

ぽん酢：濃口醤油、酒、ミリンにダイダイ、ユズ、スダチの搾り汁を加える。

寿司酢：酢3合に爪昆布を入れて、塩145g、砂糖450gを合わせ、煮溶かす。

甘酢：水18、酢6、砂糖4kg、塩小さじ10杯を煮溶かしてあがりに昆布を加える。

黄身酢：卵黄1個につき土佐酢1勺を加え、湯煎でじんわり火を入れ、あがりにときガラシを加え、ガーゼで漉す。

中華酢：水4、酢1、ミリン1、濃口醤油1を合わせてあがりに一味トウガラシとゴマ油を加える。

割り下：酒2合、ミリン2合、濃口醤油1合、砂糖大さじ3杯の割合で合わせる。

魚ダレ：酒3、ミリン2、濃口醤油0・5、たまり醤油0・5、焼いた魚の中骨4～5本分、2合合わせで1割詰める。

赤の田楽味噌：さくら味噌2kgに、砂糖1・4kg、卵黄10個、酒2合、ミリン4合を加え、火にかけて練り上げる。

玉味噌：白味噌3kg、砂糖600g、卵黄20個、酒3合の割合で合わせる。

芋ずし：ツクネイモ370gを蒸して裏漉しし、熱いうちに卵黄5個を混ぜて、砂糖、酢で味をつけ、鍋でほどよい固さに練る。

真丈地：生すり身1kg、ツクネイモ500gに昆布だしを5勺入りの玉杓子で5～6杯加え、浮き粉少量を加える。

塩味ベースの炊き地：昆布だし5合に、酒5合、塩小さじ2杯、淡口醤油、ミリン少量を加える。

醤油味ベースの炊き地：だし13、酒1、淡口醤油1、ミリン0・8を合わせる。うま味調味料を1合あたり40g加える。

第1章
季節の松花堂弁当

十字の仕切りに器をはめ込めるため
盛りやすく、今や弁当の
定番ともいえる松花堂弁当。
その実例を、春夏秋冬の
季節ごとに2品ずつ紹介します。

春
一

八寸
出巻き
鯛の小袖寿司
鰆幽庵焼
地鶏の塩麴焼
昆布巻き
オランダ真丈
一寸豆みじん粉揚げ
桜人参

造里
島鯵　剣先烏賊　中とろ
より南瓜　花びら人参
紅芯けん　大葉
寄せ若布　山葵

焚合せ
南京　蛸桜煮
ねじりこんにゃく
筍土佐煮　蕗
黒豆田舎煮　小芋
木の芽

ご飯
桜海老ご飯　芹

先付
青湯葉豆腐　車海老芝煮
うすい豆
桜の花　旨出汁

お椀
白魚真丈　玉子豆腐　菜種
木の芽　梅肉

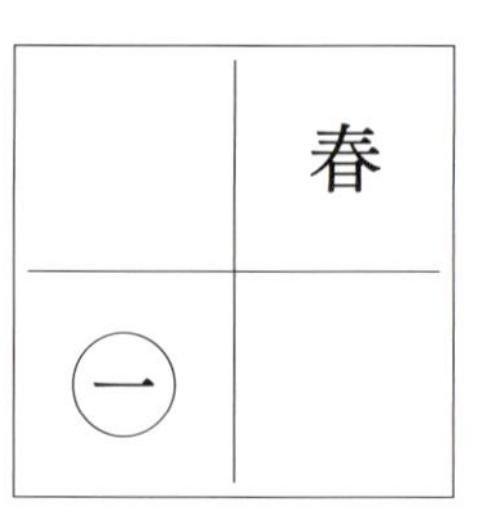
春
一

1
3
8
9
10
2
5
4
7
6
18
17
14
16
15
13
11
12

19
20
21
22

八寸

①出巻き

⇩166ページ。

②鯛小袖寿司

タイを薄造りの要領で切り分ける。5〜6時間白板昆布で挟んで昆布〆にし、さらしにタイの昆布〆の切り身を並べる。木ノ芽をのせ、ご飯に寿司酢（⇩6ページ）を合わせた寿司めしを棒状にまとめてのせ、巻き簾で巻き整え、適宜の大きさに切り出す。

③鰆幽庵焼

⇩150ページ。

④地鶏の塩麹焼

地鶏のもも肉を塩麹に20〜30分間漬ける。麹をふきとって串打ちして焼く。

⑤昆布巻き

昆布を水に浸してもどし、帯状に切り出して巻き整え、カンピョウのひもで結ぶ。だし、酒、砂糖、濃口醤油、ミリンで煮る。

⑥オランダ真丈

⇩158ページ。

⑦一寸豆みじん粉揚げ

ソラマメの下半分を卵白にくぐらせて、みじん粉をまぶしつけて、揚げる。

⑧桜人参

ニンジンを桜の花の形に切り整えて、ゆがき、酒、だし、塩、淡口醤油、砂糖少量、ミリンで炊く。

造里

⑨島鯵　剣先烏賊　中とろ

シマアジを平造りに、ケンサキイカに細かく包丁目を入れて俵形に、マグロの中とろを角造りにする。

⑩寄せ若布

昆布だしにパールアガーを加え、塩で味をつける。もどしたワカメを加えて冷やし固め、小角に切り出す。

焚合せ

⑪南京

カボチャをむき、だし、酒、淡口醤油、濃口醤油少量、砂糖、ミリンでしんみりめに炊く。

⑫蛸桜煮

⇩148ページ。

⑬ねじりこんにゃく

赤コンニャクに切り目を入れて、先を穴に差し込む。だし、酒、淡口醤油、ミリンで煮含める。

⑭筍土佐煮

タケノコを下ゆでする。だしにやや多めの酒を加え、ミリン、淡口醤油、塩で味をつけ、さしガツオしてカツオをきかせた地で土佐煮にする。

⑮蕗

フキをゆがいて、吸い地八方（⇩6ページ）で炊く。

⑯黒豆田舎煮

黒マメを還元鉄、塩、重曹とともに一晩水に浸けておく。そのまま強火にかけ、マメが踊り出す直前で火を弱めて、アクを引きながら、柔らかくなるまでゆでる。流水にさらす。だしに濃口醤油、酒、ミリン、砂糖を加えた地に黒マメを入れて、落とし蓋をし、蒸し器で蒸し煮にする。地に浸けたまま冷まして味を含ませる。

⑰小芋

⇩144ページ。

ご飯

⑱桜海老ご飯　芹

⇩168ページ。

先付

⑲青湯葉豆腐

葛を昆布だしで溶き、練る。温めた豆乳（青大豆から作ったもの）を少しずつ加えてなめらかにする。丸い月冠に流し、冷やし固める。

⑳車海老芝煮　うすい豆　桜の花　旨出汁

車エビを水3、酒3、ミリン1・5、砂糖0・5、白醤油1の地で芝煮にする。エンドウの実を塩湯でゆでて色出しし、吸い地八方に地浸けする。サクラの花の塩漬けを塩抜きする。旨だし（⇩6ページ）を張る。

お椀

㉑白魚真丈　木の芽　梅肉

真丈地（⇩6ページ）の上にシラウオを並べ、玉杓子を使って楕円形にまとめ、昆布湯に落とす。蒸し固める。

㉒玉子豆腐　菜種

だし8勺に卵3個をときほぐし、ミリン、淡口醤油、塩を加え卵液を作る。流し缶に流して蒸し器で蒸す。ナタネを塩湯でゆでて色出しし、浸し地（⇩6ページ）で地浸けする。

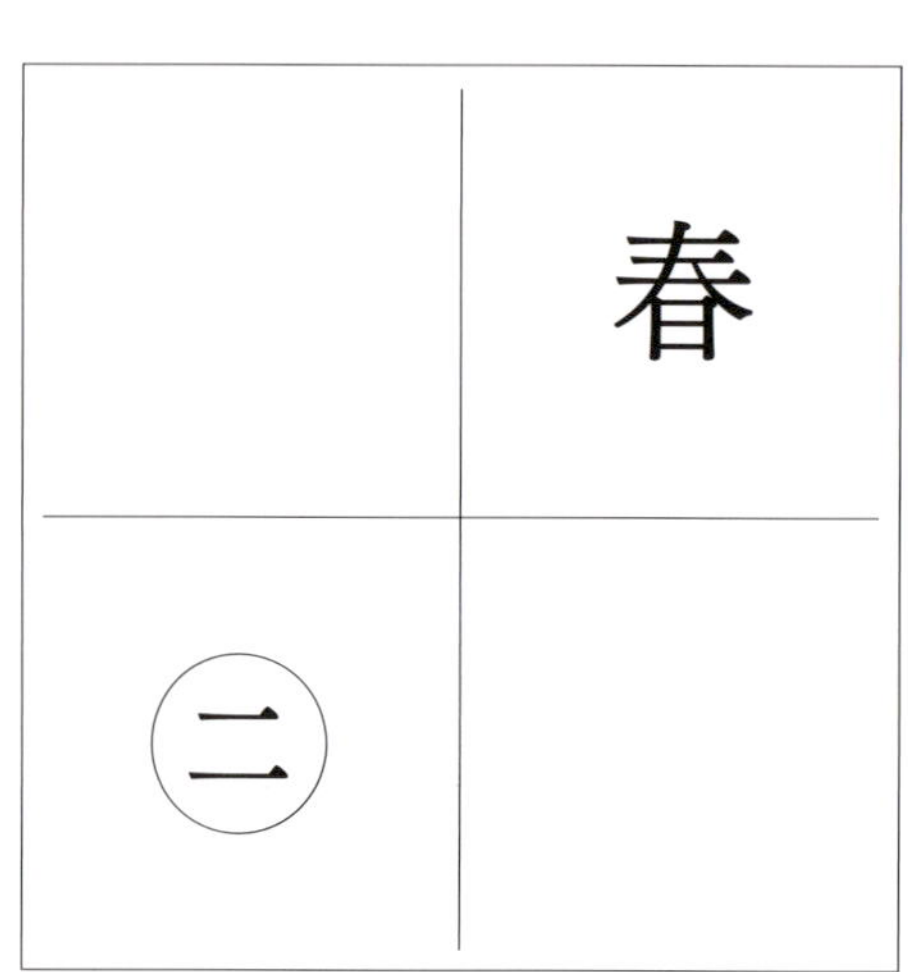

口取

花山葵お浸し　糸花かつお
蓬湯葉豆腐　生雲丹　山葵
春キャベツと桜海老の炒め煮
白ごま
和牛ローストビーフ
フルーツトマト　つぼみ菜

焼物
桜鱒と鰆の西京焼
新じゃが明太子ネーズ焼
筍木の芽焼
　紅白花びら

焚合せ
若牛蒡旨煮
焼目湯葉含め煮
飯蛸
　うすい豆

ご飯
筍ご飯　木の芽
じゃこご飯　菜種

造里
平目　あおり烏賊　とり貝
より南瓜　花びら紅芯大根
大根けん　大葉　紅蓼
山葵

お椀
若竹真丈　才巻海老黄身揚げ
蕗　木の芽　梅肉

春

㊁

口取

①花山葵お浸し　糸花かつお

花ワサビを掃除して、ひと口大に切り、湯をかけながらもみ、色出しする。ビンに入れて香りを閉じ込め、振りながら冷ます。浸し地（⇩6ページ）に20分間浸ける。糸花カツオをまぶす。

②蓬湯葉豆腐　生雲丹　山葵

青大豆から作った生ユバを粗く切り、ヨモギペーストと合せておく。葛を昆布だしで溶き、練る。青大豆から作った豆乳を温め、少しずつ加えてなめらかにする。先のヨモギ入りの生ユバに加えて、固さを調整する。ラップ紙に取り、茶巾に包む。氷水に落として冷やし固める。ラップ紙から取り出して盛り、割醤油（⇩6ページ）をかける。

③春キャベツと桜海老の炒め煮　白ごま

春キャベツに塩をしてしんなりさせて、桜エビとともに炒め、吸い地よりもしんみりめの八方地で地漬けする。

④和牛ローストビーフ　フルーツトマト　つぼみ菜

和牛のイチボ肉に塩、コショウをし、フライパンで表面を焼く。酒5をふりかけてアルコールをとばし、ミリン1、濃口醤油1を加える。真空パックして、スチコンで70℃、40分間加熱する。フルーツトマトと、地漬けしたツボミ菜（福岡産の大型カラシ菜）を添える。

焼物

⑤桜鱒と鰆の西京焼

白の粒ミソを酒、ミリンで柔らかくのばし、マスとサワラの切り身を一日間漬ける。ミソをふきとり、串打ちして焼く。

⑥新じゃが明太子ネーズ焼

新ジャガイモをゆでて皮をむき、半分に切り分ける。打ち粉をして、さっと油で揚げる。溶かしバターをからめ、マヨネーズで和えたメンタイコをのせる。天板に並べ、オーブンで焦がさないように焼く。

⑦筍木の芽焼

タケノコを下ゆでし、串打ちし、濃いめの焼きダレ（濃口醤油2、たまり醤油0・5、酒1、ミリン0・5）でかけ焼きにする。焼いてはタレをかける作業を3回繰り返し、最後のタレには刃叩きした木ノ芽を加える。

⑧紅白花びら

ダイコンとニンジンを桜の花びら形に切り、塩漬けし、桜の葉の塩漬けを加えた甘酢（⇩6ページ）に浸ける。

焚合せ

⑨若牛蒡旨煮

若ゴボウを葉と根に切り分けて、葉は筋を、根はひげ根を掃除する。葉は塩湯で、根は米のとぎ汁で下ゆでする。八方だしにきざんだ薄揚げを加え、まず葉を入れて炊く。おか上げして冷ます。この煮汁に根を入れて炊き、味をととのえて葉を戻し入れて、混ぜ合わせる。

⑩焼目湯葉含め煮

引き上げユバを巻き簾で巻き整え、竹の皮で結ぶ。バーナーで表面に焼き目をつける。だしに酒、砂糖少量、塩、ミリン、淡口醤油で吸い地あたりの味をつけた八方地でしんみりめに炊く。

⑪飯蛸

イイダコを水洗いして墨袋を取る。頭と足に切り分けて、だし8、酒4、ミリン2、濃口醤油1・5、砂糖大さじ2杯で炊く。足は煮すぎると固くなるので途中で引き上げる。頭が煮上がったら煮汁の味をととのえ、冷ましたのち、足を戻し入れる。

⑫うすい豆

⇩11ページ。

ご飯

⑬筍ご飯　木の芽

醤油ベースの炊き地（⇩6ページ）で、研いだ米を水加減する。下ゆでしたタケノコを入れて炊く。あがりに桜の花びらの塩漬けと木ノ芽を加える。

⑭じゃこご飯　菜種

チリメンジャコ（混ぜご飯用に、お土産用よりもしっかりめの味つけにしてよく乾かして作ったもの）と白の切りゴマをご飯に混ぜる。ナタネ（⇩11ページ）をきざんで天に盛る。

造里

⑮平目　あおり烏賊　とり貝

ヒラメを薄造りに、アオリイカは細かく包丁目を入れて俵形にまとめる。トリガイはゆでて皮をむく。

お椀

⑯若竹真丈

しんじょう地に刃叩きしたワカメ、ゆがいてきざんだタケノコの姫皮をざっくり混ぜ合わせる。オーブンシートの上に丸く盛り、10分間蒸す。

⑰才巻海老黄身揚げ

車エビを一枚に開いて片栗粉を打ち、卵黄にくぐらせて油で揚げる。湯に落として油抜きし、さっと吸い地で炊く。

八寸
出巻き
まながつお幽庵焼
茶巾麩
千代久　肉しぐれ　青とう
車海老芝煮
鱧ざく　胡瓜　若布　茗荷
よせ枝豆揚げ
オランダ真丈

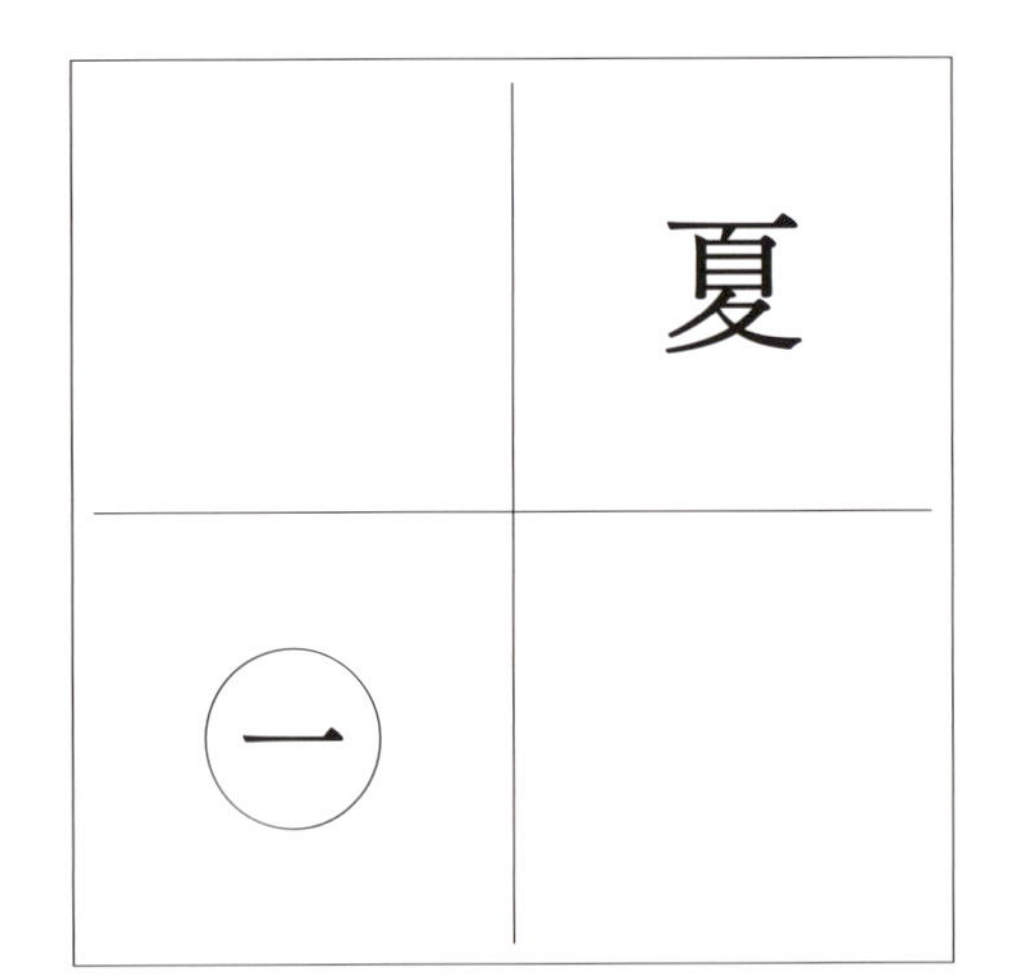

造里

鯛　鮪　蛸洗い

つるむらさき　より南京

大葉　紅芯けん　山葵

芽紫蘇

焚合せ

小芋　小切茄子　白だつ

鰻印籠煮　千石豆

もみじ冬瓜

ご飯

俵じゃこご飯　大葉

かんぴょう巻き

小鉢

胡麻豆腐

山葵　割醤油

お椀

魚そうめん　若布　隠元

小梅

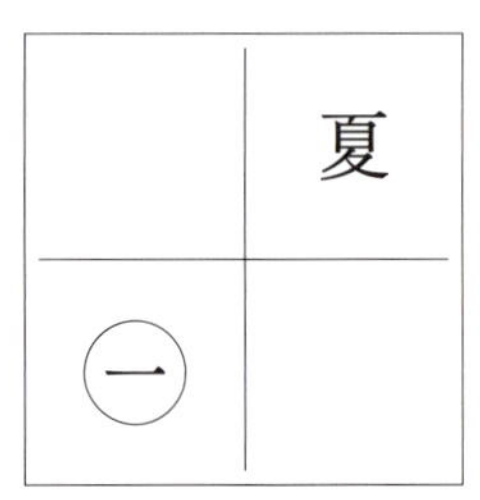
夏
一

①
②
③
④
⑤
⑥
⑦
⑧
⑨
⑩
⑪
⑫
⑬
⑭
⑮
⑯
⑰

⑱
⑲
⑳

八寸

①出巻き
⇩166ページ。

②まながつお幽庵焼
マナガツオを切り身にし、塩をあて、幽庵地（⇩150ページ）に浸ける。串打ちして焼く。

③茶巾麩
市販品。解説省略。

④千代久　肉しぐれ　青とう
薄く切った牛のロース肉500gと細めの串切りにしたタマネギ1個、糸コンニャク200gを割下（⇩6ページ）で時雨煮にする。素揚げにしたシシトウを飾る。

⑤車海老芝煮
⇩11ページ。

⑥鱧ざく　胡瓜　若布　茗荷
一枚に開いて骨切りしたハモを魚ダレ（⇩6ページ）でタレ焼にする。キュウリを蛇腹に切る。ワカメ、ミョウガをさっとゆでて色出しする。以上を盛り合わせ、葛で止めた魚ダレをかける。

⑦寄せ枝豆揚げ
エダマメにしっかりと打ち粉をして、霧吹きで水をふきかけてまとめる。油で揚げる。

⑧オランダ真丈
⇩158ページ。

造里

⑨鯛　鮪　蛸洗い
タイをへぎ造りに、マグロを角造りにする。タコの足をよく洗い、皮をむいて、包丁目を入れて、湯洗いする。皮も湯に落とし、吸盤を切り出して、タコの身に飾る。

焚合せ

⑩小芋
⇩144ページ。

⑪小切茄子
ナスを茶せんに切り、油で揚げて色出しする。水5、ミリン1、酒1、濃口醤油1、砂糖大さじ2杯、タカノツメを加え、追いガツオした浸け地に浸ける。

⑫白だつ
白ダツをトウガラシ、ダイコンおろし、塩、酢を加えた湯で下ゆでし、だし、酒、塩、白醤油、ミリン、爪昆布、煎り米、カツオ節で炊く。

⑬鰻印籠煮
ウナギのぬめりをとって、適当に筒切りにする。内臓を抜き、ヒレを切り取る。網の上にのせて天火で焼く。10分間蒸して柔らかくし、骨を抜き取る。抜いた穴に下ゆでしたゴボウを詰め、だし、酒、砂糖、濃口醤油、ミリンで煮る。

⑭千石豆
センゴクマメをゆでて色だしし、浸し地に浸ける。

⑮もみじ冬瓜
トウガンを紅葉の形に切り出し、固い皮を削り取り、皮下の緑の面に重曹をすりこむ。ゆでて色出しし、水に落とす。だし、酒、ミリン、塩、白醤油で炊く。

ご飯

⑯俵じゃこご飯　大葉
じゃこご飯（⇩15ページ）を俵に型でまとめ、大葉ジソのせん切りをのせる。

⑰かんぴょう巻き
カンピョウを水に浸けてもどし、下ゆでして柔らかくする。だし、酒、淡口醤油、砂糖で甘辛く煮る。巻き簾に海苔を敷き、寿司酢（⇩6ページ）を合わせた寿司めしをのせ、芯にカンピョウを並べる。巻き簾で巻き、木口から切り分ける。

小鉢

⑱胡麻豆腐　山葵　割醤油
昆布だし5合、ゴマのペースト80g、牛乳5合を合わせ、酒2合で水溶きした葛100g、わらび粉60gを加える。強火にかけて練る。ラップ紙にとって水風船のようにまとめ、冷やし固める。

お椀

⑲魚そうめん
真丈地（⇩6ページ）を絞り袋で絞り出して、塩で味をつけた昆布だしでゆでる。

⑳若布　隠元　小梅
ワカメをゆでて、吸い地八方で炊く。インゲンマメを塩湯でゆでる。小梅の果肉をのせる。

夏

二

焼物
かます
まながつお味噌幽庵焼
はじかみ
万願寺油焼の白和え
丸十蜜煮

酢の物
鱧ちり
　茗荷　海苔寄せ
　　紅芯大根

揚げ物
蓮根はさみ揚げ
　小切茄子　太刀魚葱巻
　　おくら

ご飯
とうもろこしご飯

造里
鰈洗い　剣先烏賊雲丹巻
　大根と胡瓜のけん　蓮芋
　　穂紫蘇　芽紫蘇　大葉
　　　山葵

お椀
千枚大根　帆立真丈
黄身豆腐
　つる菜　木の芽

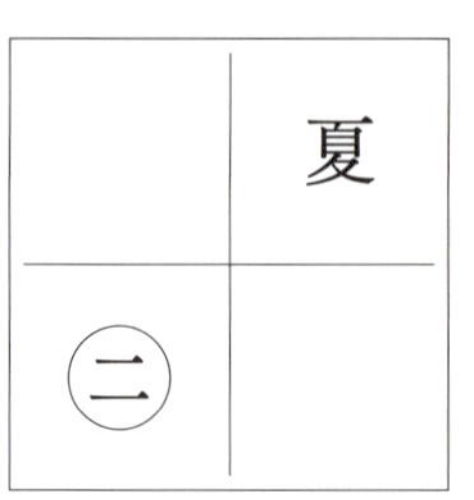
夏
二

①
②
③
④
⑤
⑥
⑦
⑧
⑨
⑩

⑪
⑫
⑬
⑭
⑮

焼物

①かます　まながつお味噌幽庵焼

カマスとマナガツオを上身にして、白ミソ1kg、白粗ミソ1kg、幽庵地8勺（煮切り酒7、ミリン4、濃口醤油3）を合わせた味噌幽庵地に浸ける。それぞれ串を打って焼く。

②万願寺油焼の白和え

赤と緑の万願寺トウガラシに串を打ち、油をぬって焼く。白和えの衣（⇩164ページ）で白和えにする。

③丸十蜜煮

サツマイモをクチナシを入れた水からゆでて、水にさらす。レモンの輪切りを加えた蜜で炊く。

酢の物

④鱧ちり

一枚に開いたハモを骨切りし、適宜の大きさに切り分ける。穴杓子にのせて湯にくぐらせる。別添えの梅肉ですすめる。

⑤茗荷　海苔寄せ　紅芯大根

ミョウガをゆでて色だしする。海苔を水に溶かしたパールアガーで寄せる。

揚げ物

⑥蓮根はさみ揚げ

レンコンを薄切りにして、エビのすり身をぬり、大葉ジソを貼り付ける。ときガラシをぬり、もう一枚のレンコンで挟む。てんぷらの衣をつけて揚げる。

⑦小切茄子

ナスを半分に切り、茶せんに切る。てんぷらの衣をつけて揚げる。

⑧太刀魚葱巻き

タチウオを上身にし、九条ネギを芯にして巻きつけ、楊枝で止める。てんぷらの衣をつけて揚げる。

⑨おくら

オクラにてんぷらの衣をつけて揚げる。

ご飯

⑩とうもろこしご飯

米を研ぎ、塩味ベースの炊き地（⇩6ページ）で水加減をする。ばらばらにしたトウモロコシの実を加えて、炊く。炊きあがったら塩ゆでしてはじき出したエダマメとごく少量のバターを加える。

造里

⑪鰈洗い　剣先烏賊雲丹巻

カレイを五枚におろして、薄造りにする。氷水に落とす。細かく包丁目を入れたケンサキイカで、生ウニを芯にして巻く。

お椀

⑫千枚大根

ダイコンを薄く輪切りにし、ゆでる。だし、酒、塩、白醤油でさっと炊く。

⑬帆立真丈

ホタテの貝柱をさいの目に切って打ち粉する。真丈地（⇩6ページ）で包み、芯に入れて包む。茶巾にとり、蒸し固める。

⑭黄身豆腐

昆布だし9合に葛粉200gを溶き、卵黄20g、酒1合を合わせてごく強火にかけて練る。黄身はもろもろに固まりやすいので、しっかりと練らないと弾力が出ない。流し缶に流して、冷やし固める。

⑮つる菜　木の芽

ツル菜を塩ゆでして、吸い地八方（⇩6ページ）に浸ける。

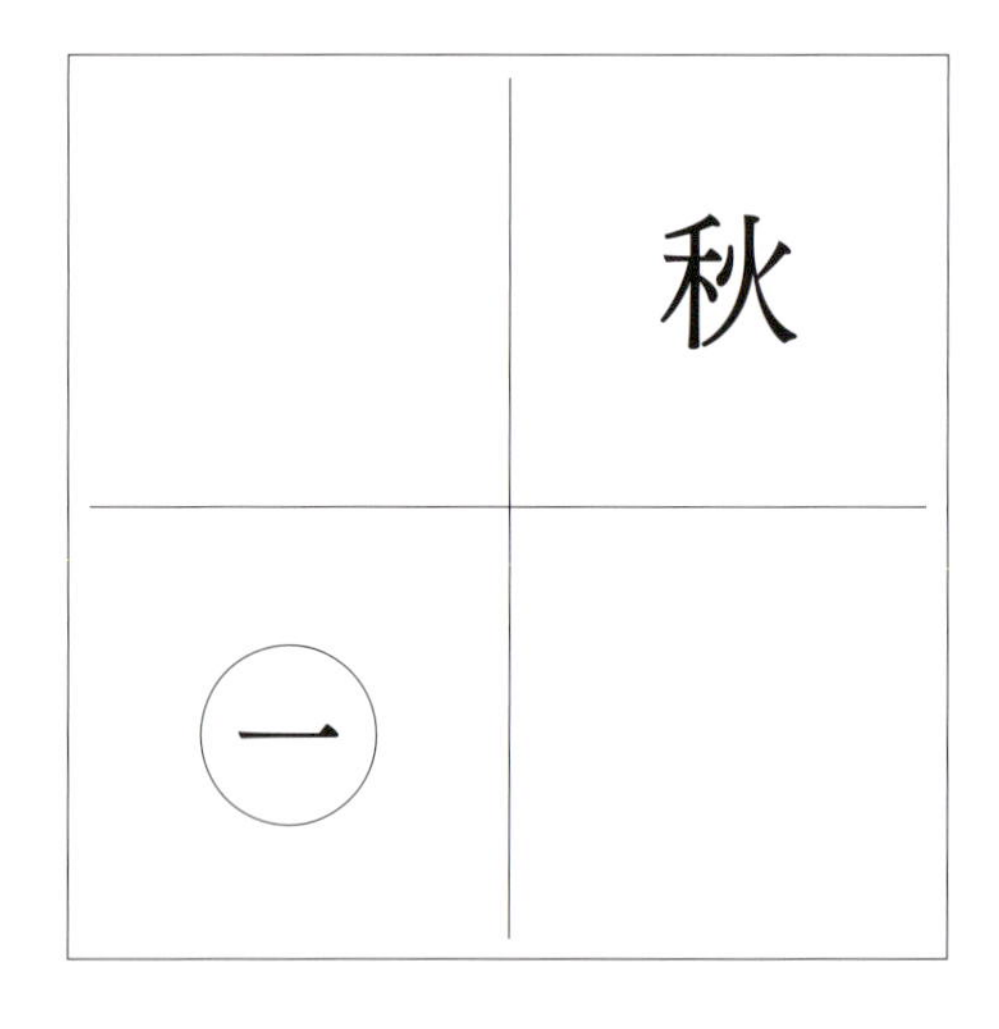

八寸

菊釜盛　秋の幸白和え
千代久　焼茄子生ハム巻
出巻き
かます味噌幽庵焼
合鴨ロース
万願寺油焼
車海老
菊花蕪

造里
紅葉鯛松皮造り
もどり鰹焼霜
　より南瓜　大根けん　大葉
　レモン　赤紫蘇　山葵

焼物
佐賀牛みすじ西京焼
焼野菜　松茸　蓮根
　酸橘

ご飯
栗ご飯

小鉢
萩豆腐　銀杏　小豆　海老
　山葵　旨だし

吸い物
鱧　松茸
　軸三つ葉　柚子

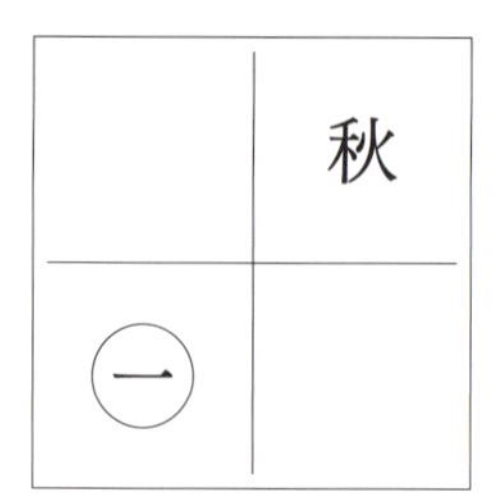
秋
一

1
2
3
4
5
6
7
8
9
10
11
12
13

14
15

八寸

①菊釜盛　秋の幸白和え

ギンナンをゆでて吸い地八方で炊き、しんみりめに下味をつける。クリの鬼皮と渋皮をむき、適度な大きさに切り分ける。酒をふりかけて蒸し、水分がにじみでてきたら塩をふる。ミズナをゆでて八方だしに浸ける。カキをむき、適当な大きさに切り分ける。

以上4種の具を白和えの和え衣（⇩164ページ）で和える。菊釜にむいたユズに盛り、イクラを飾る。

②千代久　焼茄子生ハム巻

ナスをあぶって皮をむき、八方だしに浸ける（生ハムで巻くのであまり濃く味をつけなくてよい）。生ハムの薄切りでひと巻きする。

③出巻き

⇩166ページ。

④かます味噌幽庵焼

⇩23ページ。

⑤合鴨ロース

⇩154ページ。

⑥万願寺油焼

万願寺トウガラシに油を塗って焼き、だしと醤油を同割で合わせた一杯醤油に浸ける。

⑦車海老芝煮

⇩11ページ。

⑧菊花蕪

カブを3㎝くらいの角に切り、⅔くらいの高さまで包丁目を入れ、広げて菊花の形にする。立て塩に浸けたのち、甘酢に浸ける。菊の葉を仕切りにして盛る。

造里

⑨紅葉鯛松皮造り

タイを三枚におろして上身にし、ウロコをばら引きにする。皮目に包丁目を入れ、湯をかけて湯引きにし、松皮造りにする。

⑩もどり鰹焼霜

戻りガツオをさく取りして、串を打ち、焼き霜にする。平造りにする。

焼物

⑪佐賀牛みすじ西京焼

佐賀牛のミスジを白の粗味噌を酒でのばした味噌床に1晩漬ける。串打ちして焼く。

⑫焼野菜　松茸　蓮根

マツタケに塩をふって、炭火で焼く。レンコンも同様に焼く。

ご飯

⑬栗ご飯

白米（うるち米7、もち米3）を研ぎ、塩味ベースの炊き地（⇩6ページ）で水加減し、皮をむいたクリを加えて炊く。

小鉢

⑭萩豆腐　銀杏　小豆　海老　山葵　旨だし

葛、わらび粉、粉ミルク、牛乳を混ぜ合わせ、塩少量を加える。木べらでかき混ぜながら火にかけて練り、嶺岡豆腐の生地を作る。

ギンナンを酒煎りする。アズキを水からゆでこぼす。水を取り替えて再びゆでたのち、だし、醤油、ミリン、塩で味をつける。車エビを塩ゆでし、小さく切り分ける。

丸い型に嶺岡豆腐の生地を流し、ギンナン、アズキ、エビの具をのせ、冷やし固める。型から抜いて、旨だし（⇩6ページ割醤油と同様）をかける。

吸い物

⑮鱧　松茸　軸三つ葉　柚子

マツタケを半分に切り、縦に切り目を入れて吸い地で炊く。

ハモを一枚に開き、骨切りする。適当な大きさに切り分けて葛粉を打ち、穴杓子に取り、湯に落とす。梅肉を盛り、軸三つ葉と松葉ユズを添える。

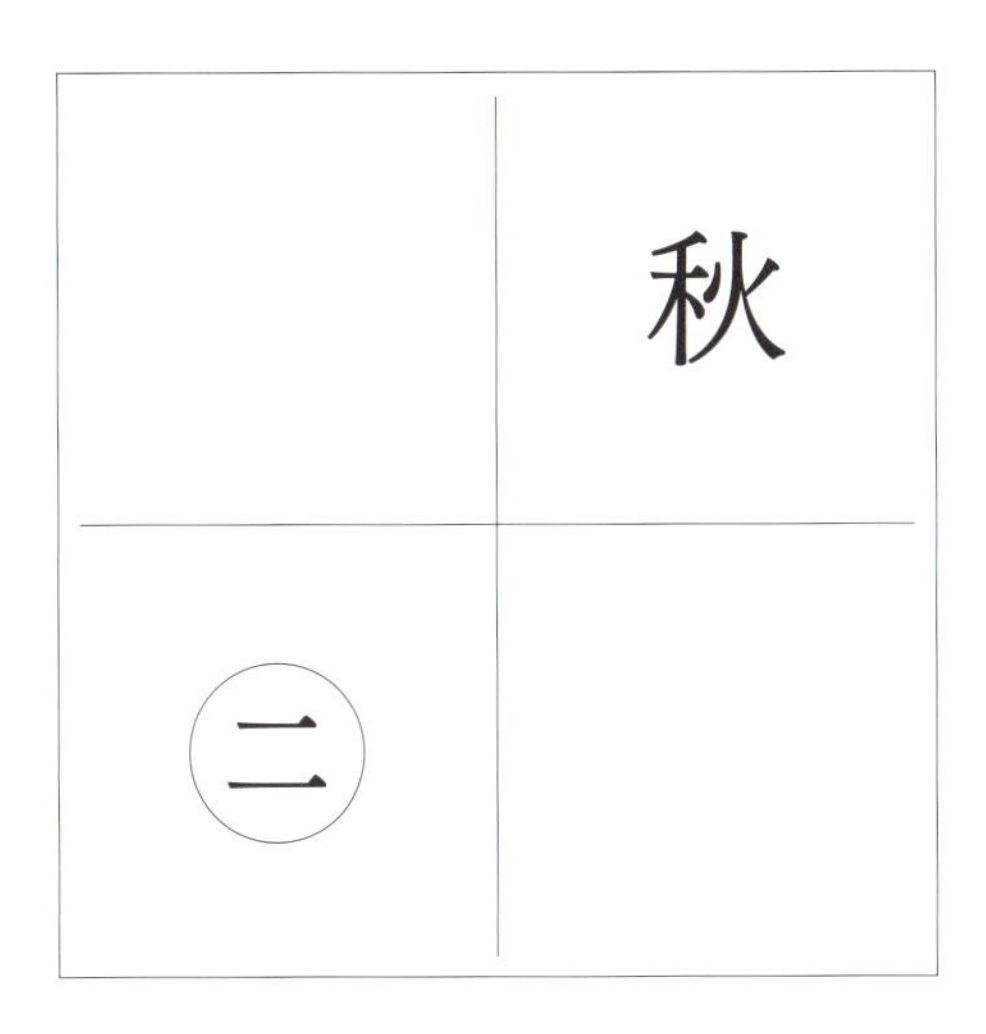

焼物
甘鯛柴焼
銀杏黒豆松葉刺し
栗蜜煮
玉子と揚げパンの二身寄せ
　酢取り茗荷

揚げ物
海老馬鈴薯揚げ
占地
丸十
甘長唐辛子

焚合せ
海老芋　木ノ葉南京
子持鮎昆布巻き　紅葉麩
　きぬさや

ご飯
松茸ご飯
　三つ葉

造里
島鯵　中とろ
剣先烏賊
　より紅芯　胡瓜けん　大葉
　芽紫蘇　寄せ海苔　山葵

吸い物
帆立と南京の真丈
　焼茄子　菊菜　酸橘

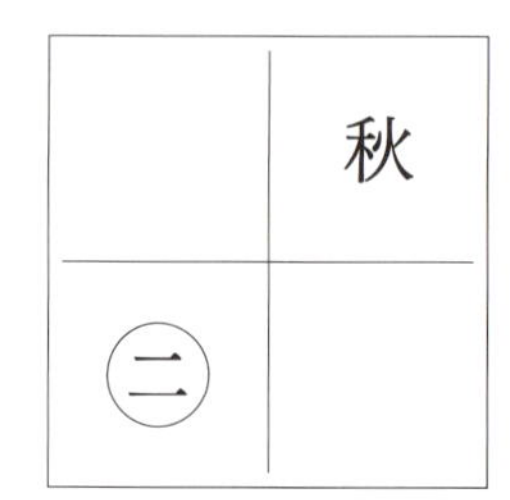
秋
二

①
②
③
④
⑤
⑥
⑦
⑧
⑨
⑩
⑪

⑫
⑬
⑭
⑮

焼物

①甘鯛柴焼

アマダイを上身にして切り身にし、串打ちして塩焼きにする。ゴボウを細く切って、油で揚げる。これを卵白でまとめ、アマダイの塩焼きの上にのせ、上火で焼き固める。

②銀杏黒豆松葉刺し　栗蜜煮

塩煎りしたギンナンと黒豆の田舎煮（⇩11ページ）を松葉に刺す。栗蜜煮は１２８ページ参照。

③玉子と揚げパンの二身寄せ

パンを適宜の大きさに切って乾かし、素揚げにしておく。煮抜き玉子の黄身と白身を裏漉しし、塩、コショウで味をつけ、マヨネーズ、きざみパセリを加える。揚げパンの上にこの玉子の生地を盛り、粉チーズをふって天火で焼き上げる。

揚げ物

④海老馬鈴薯揚げ

ジャガイモを拍子木に切り、水にさらす。水気をよくふきとって、打ち粉をする。車エビにも打ち粉をし、卵白をくぐらせる。エビの赤い色が見えるようにジャガイモをまぶし、高温の油でさっと揚げる。

⑤占地　丸十　甘長唐辛子

シメジタケ、イチョウ切りしたサツマイモ、甘長トウガラシにそれぞれてんぷらの衣をつけて揚げる。

焚合せ

⑥海老芋

海老イモを六方にむき、米のとぎ汁でゆで、水にさらす。だし、酒、塩、砂糖、淡口醤油、ミリンに追いガツオ、差し昆布した地で煮含める。

⑦木ノ葉南京

カボチャを木の葉の形にむき、だし、酒、淡口醤油、濃口醤油少量、砂糖、ミリンでしんみりめに炊く。

⑧子持鮎昆布巻き

子持ちアユに串打ちして素焼にする。白板昆布と錦紙玉子で巻く。鍋に並べ、ほうじ茶を注いで煮る。途中でざらめ、淡口醤油を加え、味をつける。

⑨茄子のオランダ煮

千両ナスを、小切茄子（⇩19ページ）の要領でオランダ煮にする。３つに切り分け、皮を上にして盛る。

⑩紅葉麩

紅葉麩をだし、酒、淡口醤油、砂糖、塩、ミリンで炊く。

ご飯

⑪松茸ご飯　三つ葉

米を研いでだし13、酒２・５、淡口醤油１、ミリン０・８の炊き地で水加減し、マツタケの薄切りを混ぜ入れて炊く。

造里

⑫島鯵　中とろ　剣先烏賊

シマアジを平造りに、マグロの中とろを角造りにする。ケンサキイカに細かく包丁目を入れて、俵形にまとめる。

吸い物

⑬帆立と南京の真丈

真丈地（⇩６ページ）にカボチャの裏漉しを加える。ホタテの貝柱を芯にして茶巾に包む。

⑭焼茄子

ナスを焼いて冷水に落とし、すぐに引き上げて皮をむく。吸い地八方（⇩６ページ）に浸ける。

⑮菊菜　酸橘

キク菜をゆでて色出しし、吸い地八方（⇩６ページ）に浸ける。スダチを輪切りにする。

台盛
出巻き
茶巾麩
松風
牛蒡牛肉巻き
車海老芝煮
蓬麩田楽
スナックエンドウ
金柑蜜煮
千代久
　鰯生姜煮
　一寸豆蜜煮

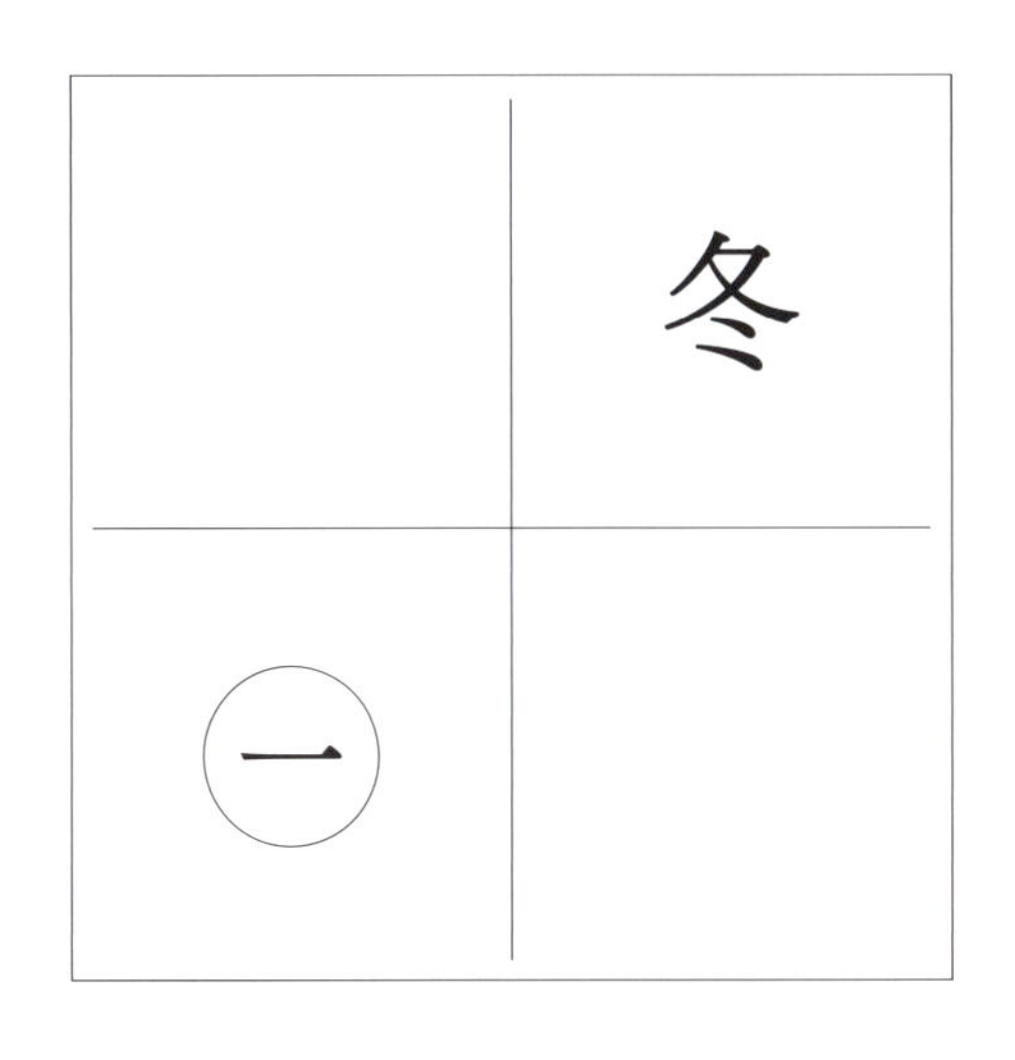

焼物
鰤照焼
カリフラワー
サーモン奉書巻き

焚物
桝大根
鮑大船煮
梅人参　菜種

ご飯
豆ご飯
恵方巻き

造里
鯛　さより　鮪
より紅芯　南瓜　胡瓜
大根けん　大葉
寄せ海苔　芽紫蘇　山葵

吸い物
蟹真丈
玉子豆腐　菊菜
松葉柚子　梅肉

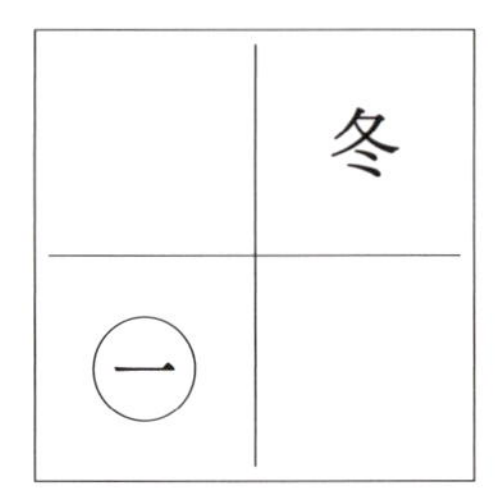
冬
㊀

①
②
③
④
⑤
⑥
⑦
⑧
⑨
⑩
⑪
⑫
⑬
⑭
⑮
⑯
⑰
⑱

⑲
⑳
㉑
㉒
福
寿
福

台盛

①出巻き
⇩166ページ。

②茶巾麩
⇩19ページ。

③松風
白身魚のすり身に、プロセスチーズ、卵黄を加え、フードプロセッサーにかけて混ぜ合わせる。塩、淡口醤油、ミリンで味をつける。流し缶に流して蒸す（冷凍して保存することができる）。必要な分を切り出して、煮きりミリンをぬってケシの実をまぶしつけ、天火で乾かすように焼く。

④牛蒡牛肉巻き
ゴボウを下ゆでして、薄切りの牛ロース肉で巻く。串を打ち、酒3、ミリン2、濃口醤油0・5、たまり醤油0・5のタレでかけ焼きにする。

⑤車海老芝煮
⇩11ページ。

⑥蓬麩田楽
粟麩を四角く切り出し、素揚げする。湯に落としてすぐに引き上げ、油抜きする。玉味噌（⇩6ページ）を塗り、上火の焼き台で焼く。

⑦スナックエンドウ
スナックエンドウを塩湯でゆでて、浸し地に浸ける。

⑧金柑蜜煮
キンカンに縦に包丁目を入れて、種を取り出す。さっとゆがいたのち、水にさらす。一度蒸して水気をとばしてから瓶に詰め、水1升に砂糖650gを溶かした蜜を張り、瓶ごと再び蒸し器で蒸して火を通す。

⑨千代久　鰯生姜煮
イワシを水、酢で柔らかくなるまで煮る。2時間ほど炊いたら、砂糖、濃口醤油を加え、3〜4時間かけて地がなくなるまで煮つめる。あがりにあられに切ったショウガを加える。

⑩千代久　一寸豆蜜煮
⇩139ページ。

焼物

⑪鰤照焼
ブリに塩をして、幽庵地（⇩150ページ）に30分間浸ける。串打ちして、魚ダレ（⇩6ページ）をぬって焼く。

⑫カリフラワー
カリフラワーをゆでて、小房に分け、甘酢に浸ける。

⑬サーモン奉書巻き
ダイコンをかつらむきにして、立て塩に浸けてしんなりさせる。甘酢に浸ける。キュウリを芯にしてダイコンとスモークサーモンのスライスを重ねて巻き、断面を見せるようにして切り分ける。

焚物

⑭桝大根
ダイコンを桝形に包丁し、鶏ガラスープ（⇩6ページ）を加えただし、塩、ミリン、白醤油で炊く。

⑮鮑大船煮
殻からはずしたアワビを、霜降りする。だし3、酒1に差し昆布し、大豆とアワビを入れる。1時間炊き、途中で砂糖、淡口醤油、濃口醤油で味をつける。バットに移し、ラップ紙で密閉して蒸し器でさらに2時間蒸す。

⑯梅人参　菜種
ニンジンを梅の花の形に切り整えて、ゆがき、酒、だし、塩、淡口醤油、砂糖少量、ミリンで炊く。

ご飯

⑰豆ご飯
米を研ぎ、塩味ベースの炊き地（⇩6ページ）で水加減をして、エンドウの実を加えて炊く。

⑱恵方巻き
玉子焼、キュウリ、甘辛く炊いたカンピョウ（⇩17ページ）を芯にして海苔巻きを作る。

造里

⑲鯛　さより　鮪
タイをへぎ造りに、サヨリを平造りに、マグロを角造りにする。

吸い物

⑳蟹真丈
真丈地（⇩6ページ）にズワイガニの身を混ぜ合わせ、玉杓子を使ってフットボール状に形どり、塩で味つけした昆布だしに落とす。固まったら蒸し器で蒸し、火を通す。松葉に切ったユズと梅肉を天盛りする。

㉑玉子豆腐
⇩11ページ。

㉒菊菜
キクナを塩湯でゆでて、吸い地八方（⇩6ページ）に浸ける。

造里

平目　赤貝　甘海老

胡瓜けん　ラディッシュ

山葵　芽紫蘇

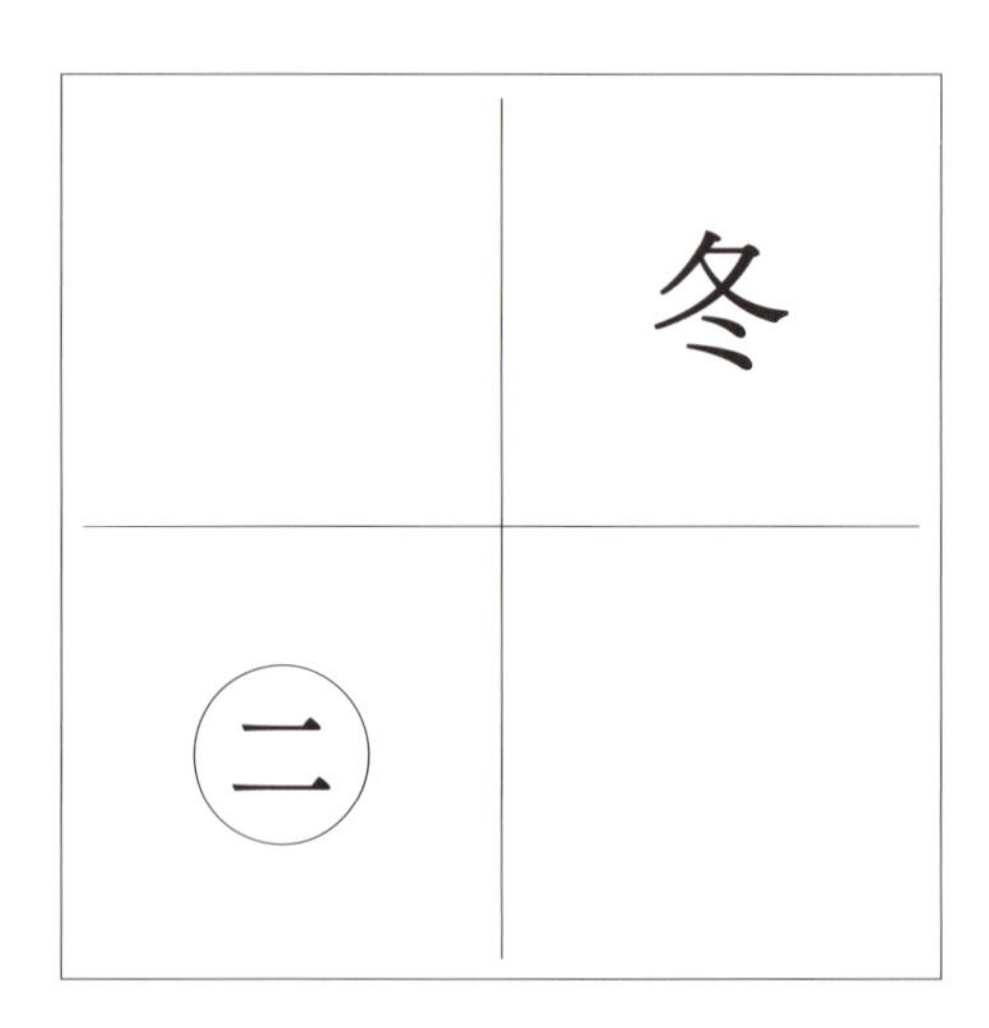

台盛
千代久　五色なます
　芋いくら
つぼつぼ　白和え　菊菜
椎茸　くこの実
出巻き
まながつお幽庵焼
鯛小袖寿司　木の芽
オランダ真丈
鶏けんちん

焚物
鰤大根　水菜
　柚子

ご飯
蟹ご飯
　芹

小鉢
蕪豆腐　雲子
　芽葱　赤おろし
　　ちり酢あん

吸い物
はまぐり真丈
　焼餅　うぐいす菜
　　梅人参　若布

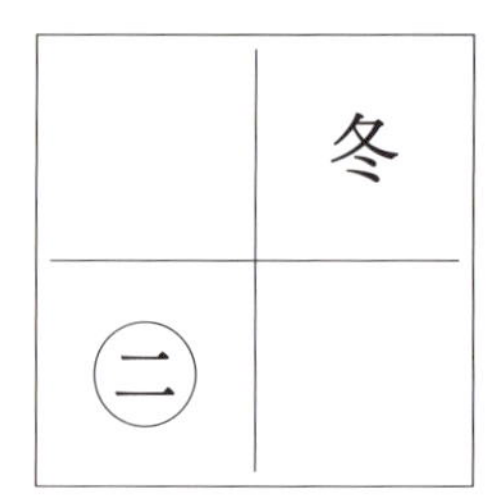
冬
二

1
2
4
5
8
3
7
6
10
9

11
12
13
14

造里

①平目　赤貝　甘海老

ヒラメを上身にし、薄造りにする。アカガイを開いてワタを除き、矢車に切る。甘エビの殻をむく。

台盛

②千代久　五色なます　芋いくら

ダイコン、ニンジン、龍皮昆布、キュウリ、ミョウガをせん切りにする。立て塩に浸けて、甘酢（⇩6ページ）にくぐらせる。すりおろしたツクネイモをかけ、イクラを飾る。

③つぼつぼ　白和え　菊菜　椎茸　くこの実

キク菜をゆでて、浸し地（⇩6ページ）で地浸けする。生シイタケを素焼きする。白和えの和え衣（⇩１５４ページ）で和える。酒に浸したクコの実をのせる。

④出巻き

⇩１６６ページ。

⑤まながつお幽庵焼

⇩19ページ。

⑥鯛小袖寿司　木の芽

⇩11ページ。

⑦オランダ真丈

⇩１５８ページ。

⑧鶏けんちん

⇩１５４ページ。

焚物

⑨鰤大根　水菜　柚子

ブリをおろして上身にし、塩をあてておく。ブリのアラを焼き、昆布とともに鍋に入れる。水を張って火にかけ、ブリだしを取る。だしで割り、塩、淡口醤油、ミリン、酒で味をつける。ブリの身と丸ダイコンを入れて炊く。

ミズナをゆでて浸し地（⇩6ページ）で地浸けする。

ご飯

⑩蟹ご飯　芹

米を研いで、塩味ベースの炊き地（⇩6ページ）で水加減し、ズワイガニのほぐし身を混ぜ入れて炊く。

小鉢

⑪蕪豆腐

カブを白だしで炊き、フードプロセッサーにかけてペースト状にする。このカブのペースト5合に対し昆布だし6合、酒5勺、葛１２０ｇ、わらび粉72ｇ、生クリーム30ｇを加えて火にかけ、胡麻豆腐の要領で練る。流し缶に流して、冷やし固める。

⑫雲子　芽葱　赤おろし　ちり酢あん

クモコをゆでて、同割のだしで割った醤油をぬって、乾かすように焼く。ぽん酢（⇩6ページ）3、だし2、土佐酢（⇩6ページ）1を合わせたちり酢に薄葛を引いて、あんにする。芽ネギ、赤おろしをのせ、ちり酢あんを別添えする。

吸い物

⑬はまぐり真丈　焼餅

真丈地（⇩6ページ）に切り分けたハマグリの身を混ぜ込み、ハマグリの殻に詰める。薄く切った餅を焼き、はまぐり真丈に貼りつける。蒸し固める。

⑭うぐいす菜　梅人参　若布

ウグイス菜を塩湯でゆでて色出しし、浸し地に浸ける。梅の形にむいたニンジン、色出ししたワカメを添える。

コラム 1

食中毒を防ぐために

弁当を販売する際に、細心の注意をはらわなければならないのが、食中毒です。よく加熱する、酢や梅干しを用いるといった、食品を傷ませない工夫は昔の人の知恵として受け継がれてきました。ただし、それらは腐敗防止に効果があっても、食中毒を防ぎきれるとはかぎりません。

食中毒の原因菌には、ブドウ球菌のように高温や酸に強いものや、セレウス菌のように冷蔵していても繁殖するもの、ボツリヌス菌のように芽胞という状態で休眠することで、真空や加熱に耐えるものがあります。O－157大腸菌のように、ごくわずかな数の菌で、ひどい症状を起こすものもあります。

また現在多くの事故を起こしているノロウイルスは、〝ウイルス〟であって、〝細菌〟ではないことに注意が必要です。菌の場合、条件が揃えば増殖をはじめ、その菌自身や、菌が出す毒素が原因となって食中毒を起こします。つまり温かいところにおかないようにするなど、菌を増やすことのないよう心がけることでも、一定の被害を防ぐことができます。

しかしウイルスの場合は、人間の細胞にとりつかなければ増えることはありません。そしてノロウイルスはやっかいなことに、非常に感染力が強く、数十個のウイルスがついただけでも感染することがあります。またインフルエンザウイルスと違って、アルコールや逆性石鹸にも強いのですが、塩素消毒や加熱が有効です。

そのため、食中毒の原因となる菌やウイルスを「つけない」ということが、非常に大事な防衛策になります。菌がいる可能性のある土などがついている包装や箱は厨房に持ち込まない、生野菜と魚や肉を切るまな板は使い分ける、道具や布巾の殺菌、手洗いを徹底し、白衣やマスクを身につけるといった、基本的な心がけがたいへん重要なのです。

第2章
仕出し弁当いろいろ

丸や重箱、二段になっていて重なるなど、見た目のバラエティも弁当の楽しみのひとつ。この章では、いろいろな姿形の仕出し弁当を紹介します。

上段

八寸

千代久

筍と独活の木の芽和え

玉あられ

芹と土筆の白和え

いくら

出巻き

ぎん鱈西京焼

粟麩田楽

子持昆布

才巻海老　黄身酢

キャビア

筍土佐煮

飯蛸旨煮

菜種

小判

造里
赤貝　とり貝
巻き大根　長芋
はなびら紅芯大根

下段

揚げ物
蓮根はさみ揚げ
蛍烏賊
たらの芽
一寸豆
花びら人参

ご飯
豆ご飯
桜鱒の焼目寿司
酢取り生姜

お椀
桜海老真丈　蓬豆腐　若布
桜大根　軸菜　木の芽

小判

上段

八寸

①千代久　筍と独活の木の芽和え　玉あられ

タケノコを下ゆでして、だし、酒、ミリン、淡口醤油、塩に追いガツオをした地で下味をつけておく。ウドも下ゆでし、だし、酒、ミリン、白醤油、塩の地で下味をつけておく。木の芽味噌の和え衣（⇩165ページ）で和え、玉アラレをのせる。

②芹と土筆の白和え　いくら

セリを塩湯でゆでて色出しし、浸し地（⇩6ページ）に地浸けする。ツクシは素揚げにしてアクを抜き、浸し地に浸ける。白和えの和え衣（⇩164ページ）で和え、イクラをのせる。

③出巻き

⇩166ページ。

④ぎん鱈西京焼

ギンダラに塩をあてて、西京味噌の味噌床に漬ける。味噌をぬぐい取り、串打ちして焼く。

⑤粟麩田楽

35ページの蓬麩田楽の要領で粟麩を田楽にする。

⑥子持昆布

子持ち昆布を薄い塩水に1日浸け、塩を抜く。酒に浸け1日浸け直し、引き上げる。だし6、酒1、淡口醤油1、ミリン1を合わせ、追いガツオした地に浸けて味を含ませ、薄く切り分ける。

⑦才巻海老　黄身酢　キャビア

才巻エビを塩ゆでし、背を割る。黄身酢（⇩6ページ）を挟み、キャビアをかざる。

⑧筍土佐煮

⇩11ページ。

⑨飯蛸旨煮

⇩13ページ。

⑩菜種

ナタネを塩湯でゆでて色出しし、浸し地（⇩6ページ）で地浸けする。

造里

⑪赤貝　とり貝

アカガイを開いてワタを除き、矢車に切る。トリガイはゆでて皮をむく。

⑫巻き大根　長芋　はなびら紅芯大根

ダイコンをかつらむきにし、広げる。大葉ジソを重ねてくるくると巻き、断面を見せるようにして切り出す。ナガイモは拍子木に、紅芯ダイコンは花びらの形に切る。

下段

揚げ物

⑬蓮根はさみ揚げ

23ページの要領で蓮根はさみ揚げを作り、てんぷらの衣の代わりに黄身衣をつけて揚げる。

⑭蛍烏賊　たらの芽　一寸豆　花びら人参

ホタルイカ、タラノ芽、ソラマメ、花びらにむいたニンジンをてんぷらにする。

ご飯

⑮豆ご飯

35ページの要領で豆ご飯を炊き、塩抜きしたサクラの花をのせる。

⑯桜鱒の焼目寿司　酢取り生姜

サクラマスに塩をあてて、酢に浸けて、生ずしにする。ご飯に寿司酢（⇩6ページ）を混ぜ合わせて寿司めしを作る。サクラマスを切り出してさらしに並べ、寿司めしをのせて巻き簀で巻き整える。ラップ紙で巻いてなじませる。切り出してラップ紙をはずし、バーナーであぶって焼き目をつける。

お椀

⑰桜海老真丈

サクラエビを低温のオーブンで香ばしく焼き、真丈地（⇩6ページ）にざっくり混ぜ合わせる。フットボール状に形どり、昆布だしに落として固め、蒸し器で蒸す。

⑱蓬豆腐

青大豆の豆乳にヨモギペーストを混ぜ合わせ、にがりを入れて豆腐を作る。油で揚げる。

⑲若布　桜大根　軸菜　木の芽

ワカメをゆでて、吸い地八方で炊く。桜のはなびらの形にむいたダイコンをゆがいて、吸い地八方で炊く。ホウレン草の軸をゆでる。

竹籠弁当

八寸

出巻き

鰆幽庵焼

筍山椒焼

かすてら

穴子八幡巻き

地鶏の塩麹焼

粟麩田楽

桜海老真丈

蓮根はさみ揚げ

一寸豆みじん粉揚げ

焚合せ

飯蛸　赤こんにゃく　南京

小芋　桜人参

スナックエンドウ

天子山椒煮

酢の物

桜鱒生ずし

蛇腹胡瓜

寄せ若布

紅白花びら

千代久　蕨白和え　いくら

ご飯

筍ご飯桜葉巻き

竹籠弁当

八寸

①出巻き

⇩１６６ページ。

②鰆幽庵焼

⇩１５０ページ。

③筍山椒焼

タケノコを下ゆでし、串打ちし、濃いめの焼きダレ(濃口醤油2、たまり醤油0・5、酒1、ミリン0・5)でかけ焼きにする。焼いてはタレをかける作業を3回繰り返す。最後のタレには粉ザンショウを加え混ぜて、焼き上げる。

④かすてら

⇩１６７ページ。

⑤穴子八幡巻き

⇩１５２ページ。

⑥地鶏の塩麹焼

⇩11ページ。

⑦栗麩田楽

⇩45ページ。

⑧桜海老真丈

サクラエビとエビのすり身を混ぜ合わせる。丸めて、打ち粉をし、ときほぐした卵白にくぐらせ、サクラエビを貼りつけてやや低温の油で揚げる。ふり塩する。

⑨蓮根はさみ揚げ

⇩45ページ。

⑩一寸豆みじん粉揚げ

⇩11ページ。

焚合せ

⑪飯蛸

⇩15ページ。

⑫赤こんにゃく

赤コンニャクに細かく切り目を入れて、だし、酒、淡口醤油、ミリンで煮含める。

⑬南京

カボチャを木の葉の形に打ち抜きで抜き、葉脈を彫る。だし、酒、淡口醤油、濃口醤油少量、砂糖、ミリンでしんみりめに炊く。

⑭小芋

⇩１４４ページ。

⑮桜人参

⇩11ページ。

⑯スナックエンドウ

⇩35ページ。

⑰天子山椒煮

⇩１４６ページ。

酢の物

⑱桜鱒生ずし

サクラマスの腹身に塩をあてて、酢に浸けて、生ずしにする。バーナーで焼き目をつける。

⑲蛇腹胡瓜

キュウリを蛇腹に切り、中華酢(⇩6ページ)に浸ける。

⑳寄せ若布

⇩11ページ。

㉑紅白花びら

⇩15ページ。

㉒千代久　蕨白和え　いくら

ワラビに灰アクをまぶして、湯をかけて色出しする。吸い地八方に地浸けする。白和えの衣(⇩１６４ページ)で和え、イクラをのせる。

ご飯

㉓筍ご飯桜葉巻き

筍ご飯を炊き(⇩15ページ)、俵型にまとめる。サクラの葉の塩漬けを塩抜きして、筍ご飯を包む。

上段

千代久

みる貝と赤貝のぬた和え

紅蓼

出巻き

鱒幽庵焼

筍木の芽焼

桜人参

和牛ローストビーフ

桜海老真丈

蟹と若牛蒡の東寺揚げ

天子山椒煮

菜種

雪洞

下段

ご飯

春のちらし寿司
穴子　蛸　車海老
一寸豆　どんこ椎茸
わらび
錦糸玉子　紅白花びら

造里

平目　あおり烏賊　鮪
蕗　より人参　寄せ海苔
ラディッシュ　長芋
紅紫蘇

お椀

油目真丈　玉子豆腐
若布　スナックエンドウ
木の芽　梅肉

雪洞

上段

①千代久　みる貝と赤貝のぬた和え　紅蓼

ミル貝の皮をむいて、細かく切る。アカガイの身を矢車に切る。ワケギをゆでて、ぬめりを取る。以上の具を玉味噌（⇩6ページ）に酢、芥子、濃口醤油を加えた酢味噌で和える。紅タデをのせる。

②出巻き

⇩166ページ。

③鱒幽庵焼

マスの上身を切り身にし、幽庵地に浸ける。串打ちして焼く。

④筍木の芽焼

⇩15ページ。

⑤桜人参

⇩11ページ。

⑥和牛ローストビーフ

⇩15ページ。

⑦桜海老真丈

⇩45ページ。

⑧蟹と若牛蒡の東寺揚げ

ズワイガニの脚の身と若ゴボウを芯にして湯葉で巻き包み、てんぷらの衣をぬって止める。棒状のまま揚げる。

⑨天子山椒煮

⇩146ページ。

⑩菜種

ナタネをゆがいて浸し地（⇩6ページ）に地浸けする。

下段

ご飯

⑪春のちらし寿司

アナゴを一枚に開いて、霜降りしてぬめりを取る。だし、酒、塩、ミリン、白醤油で白煮にする。魚ダレ（⇩6ページ）に葛でとろみをつけたツメをぬる。タコを桜煮にする（⇩148ページ）。車エビを塩ゆでし、殻をむき、頭と尾を除く。

ソラマメを塩ゆでして、皮をむく。ドンコシイタケを水に浸けてもどす。もどし汁に浸けたまま、水を加えて火にかける。途中で酒、砂糖、濃口醤油を加えて、しっかりと煮つめる。ワラビに灰アクをまぶして、湯をかけて色出しする。吸い地八方に地浸けする。

ご飯に寿司酢（⇩6ページ）を合わせて寿司めしを作り、以上の具と錦糸玉子、紅白花びら（⇩15ページ）をのせる。

造里

⑫平目　あおり烏賊　鮪

ヒラメを五枚におろして薄造りにする。アオリイカに細かく包丁目を入れて、俵形にまとめる。マグロを角造りにする。

お椀

⑬油目真丈

アイナメを上身にして、ハモの骨切りの要領で、身に包丁目を入れる。皮目をバーナーであぶって焼き目をつける。真丈地（⇩6ページ）を付けてすくい取り、蒸し器で蒸す。梅肉を天盛りする。

⑭玉子豆腐

⇩11ページ。

⑮若布　スナックエンドウ　木の芽

ワカメをゆでて色出しする。スナックエンドウの筋を取ってゆで、開いて実を見せる。木ノ芽を添える。

子供松花堂

焼物
和牛ローストビーフ
鶏塩焼
サラダ　ブロッコリー
トマト　レモン

揚げ物
蓮根はさみ揚げ
新じゃがフライ
海老フライ
パプリカ
丸十と若牛蒡のかき揚げ
から揚げ
ポテトサラダ

台の物
千代久　肉しぐれ煮
ピーマン
玉子焼
鮭
一寸豆蜜煮
ご飯
筍と桜海老のご飯
サラダ巻
小鉢
胡麻豆腐
苺ムース　キウイ　ミント
蒸し物
茶碗蒸し蟹あん掛

子供松花堂

焼物

①和牛ローストビーフ

⇩15ページ。

②鶏塩焼

鶏もも肉に岩塩をふって、串打ちし、焼き台で焼く。

③サラダ　ブロッコリー　トマト　レモン

サニーレタス、ミズナ、タマネギとキュウリのスライスのサラダに、別添えでドレッシングをつける。ブロッコリーは塩ゆでする。

揚げ物

④蓮根はさみ揚げ

23ページの要領で蓮根はさみ揚げを作り、てんぷらの衣の代わりにときほぐした卵とパン粉をつけて揚げる。

⑤新じゃがフライ

新ジャガイモをせん切りにし、生ハムで巻く。ときほぐした卵とパン粉をつけて揚げる。

⑥海老フライ

冷凍のホワイトエビの頭を除き、殻をむき、ときほぐした卵とパン粉をつけて揚げる。

⑦パプリカ

パプリカを素揚げにする。

⑧丸十と若牛蒡のかき揚げ

サツマイモと若ゴボウのせん切りをてんぷらの衣でまとめて、油で揚げる。

⑨から揚げ

鶏のもも肉に、塩、濃口醤油で下味をつけて、片栗粉をつけて、油で揚げる。

⑩ポテトサラダ

ジャガイモをゆでて裏漉しし、マヨネーズ、塩、コショウを加え、スティックフィッシュ（カニ風味カマボコ）とキュウリのスライスを混ぜ合わせる。サニーレタスの上に盛る。

台の物

⑪千代久　肉しぐれ煮　ピーマン

⇩19ページ。

⑫玉子焼

卵5個にだし4勺を加え、砂糖25g、塩少量を加えて巻き鍋で焼く。

⑬鮭

サケの切り身に塩をして、串を打ち、焼く。

⑭一寸豆蜜煮

⇩145ページ。

ご飯

⑮筍と桜海老のご飯

筍ご飯（⇩15ページ）と桜海老のご飯（⇩168ページ）を合わせて俵にまとめ、塩抜きしたサクラの葉でくるむ。

⑯サラダ巻

冷凍のホワイトエビをゆでて、マヨネーズをぬったサラダ菜でくるむ。巻き簾に海苔を広げ、ご飯に寿司酢(⇩6ページ）を合わせた寿司めしをのせ、このエビを芯にして巻きずしにする。

小鉢

⑰胡麻豆腐

⇩19ページ。

⑱苺ムース　キウイ　ミント

イチゴを水1升に砂糖500gを加えた蜜で煮て、フードプロセッサーにかける。このイチゴのペースト500gに対し、泡立てた生クリーム400cc、牛乳500cc、板ゼラチン14枚、グラニュー糖100gを合わせて、冷やし固める。

蒸し物

⑲茶碗蒸し蟹あん掛

卵1個に対してだし8勺の割合で合わせ、塩、濃口醤油、ミリンを加える。吸い地に葛を引いた銀あんにズワイガニのほぐし身を入れ、グリーンピースを散らす。

扇形

八寸

千代久二種

蓴菜　おとし芋

くらげ酢　胡瓜　いくら

細鰻巻き

甘鯛木の芽焼

松風

海老黄身寿司

鶏けんちん

オランダ真丈

とうもろこしかき揚げ

花蓮根　はじかみ

造里

鯛洗い

より南京　蓮芋　山葵

芽紫蘇

ご飯

梅じゃこご飯

お椀

黄身豆腐　鮑　おくら　柚子

扇形

八寸

千代久二種

①蓴菜　おとし芋

ジュンサイをゆでて色出しする。土佐酢（⇩6ページ）を2倍量のだしで割り、レモンとスダチの搾り汁を加えた吸い酢に浸ける。猪口に入れ、ツクネイモのすりおろしをかける。

②くらげ酢　胡瓜　いくら

塩クラゲを水に浸けて塩抜きし、適宜に切り分ける。ゆでて、水に落とす。キュウリを笹打ちし、立て塩に浸け、絞る。猪口に入れ、ゴマ油、ときガラシを加えた土佐酢をかけ、イクラを飾る。

③細鰻巻き

ウナギの蒲焼を芯に入れて、出巻き玉子（⇩166ページ）を巻く。

④甘鯛木の芽焼

アマダイの切り身に塩をして、串を打って焼き、あがりに叩き木ノ芽をふる。

⑤松風

⇩35ページ。

⑥海老黄身寿司

ツクネイモ370gを蒸して裏ごしし、熱いうちに卵黄5個を混ぜる。砂糖、酢で味をつけ、火にかけてほどよい固さに練る。車エビを塩ゆでして一枚に開き、練り上がった黄身寿司を抱かせて寿司にする。

⑦鶏けんちん

⇩154ページ。

⑧オランダ真丈

⇩158ページ。

⑨とうもろこしかき揚げ

トウモロコシにしっかりと打ち粉をして、霧吹きで水をふきかけてまとめる。油で揚げる。

⑩花蓮根　はじかみ

レンコンを花形にむき、酢水でゆでる。棒ショウガもむき整えて、酢水でゆでる。それぞれ甘酢に浸ける。

造里

⑪鯛洗い

三枚におろしたタイをへぎ切りにし、氷水に落とす。

ご飯

⑫梅じゃこご飯

ちりめん300gを洗い、ゴマ油で炒める。酒400cc、ミリン200cc、濃口醤油50cc、淡口醤油50ccのやや甘めの地を加えて、煮汁がなくなるくらいまで煮つめる。上がりにフリーズドライの梅10gを加える。

お椀

⑬黄身豆腐

⇩23ページ。

⑭鮑　おくら　柚子

アワビを殻からはずして掃除する。バットに同割の昆布だしと酒を張り、ダイコンの輪切りを入れ、アワビの身を入れる。ラップ紙で密閉し、100℃のスチームコンベクションオーブンで1時間半蒸す。鍋に煮汁ごと移し、1時間半煮て柔らかくする。途中で塩、濃口醤油を加えて味をととのえる。

塩ゆでしたのち浸し地（⇩6ページ）に浸けたオクラ、青ユズを添える。

糸巻き

先付
蛸洗い
糸瓜　胡瓜笹打ち　赤万願寺
　土佐酢ジュレ
とうもろこしのすり流し
海老　おくら

造里
石鰈　鮪
　より胡瓜　山葵
つるむらさき

八寸
出巻き
鰆幽庵焼
カリフラワー
鰻八幡巻き
射込青とう
　酢取茗荷
山桃

ご飯
穴子寿司
　はじかみ

お椀
鱧　蓴菜
　柚子　梅肉

糸巻き

先付

①蛸洗い　糸瓜　胡瓜笹打ち　赤万願寺　土佐酢ジュレ

タコの足を切り分けて、切り目を入れる。湯洗いし、氷水に落とす。ゆでたイトウリと笹打ちしたキュウリを混ぜ盛りにして、器に敷く。素焼きにした赤の万願寺トウガラシを添え、とろみ剤を加えてとろみをつけた土佐酢をかける。

②とうもろこしのすり流し　海老　おくら

トウモロコシをゆでて、フードプロセッサーにかける。吸い地でのばし、塩で味をつける。塩ゆでした車エビとオクラを切り分けて、飾る。

造里

③石鰈　鮪

イシガレイを五枚におろして、薄造りにする。マグロを角造りにする。

八寸

④出巻き

⇩166ページ。

⑤鰆幽庵焼

⇩150ページ。

⑥カリフラワー

⇩35ページ。

⑦鰻八幡巻き

ウナギの皮を外側にして、穴子の八幡巻き（⇩152ページ）の要領で八幡巻きにする。

⑧射込青とう　酢取茗荷

シシトウに切り目を入れて種を抜き、エビのすり身を詰める。すり身の部分に片栗粉をつけて揚げる。酢どったミョウガを添える。

⑨山桃

ヤマモモを水1升に砂糖600g、赤ワイン1合を加えた蜜で蜜煮にする。

ご飯

⑩穴子寿司　はじかみ

一枚に開いて、湯をかけてぬめりを取ったアナゴを、だし、酒、濃口醤油、たまり醤油、砂糖、ミリンで炊く。さらしにのせる。ご飯に寿司酢（⇩6ページ）を合わせた寿司めしを棒状に煮アナゴの上にのせて棒ずしにする。

お椀

⑪鱧　蓴菜　柚子　梅肉

一枚に開いたハモを骨切りし、適宜の大きさに切り分ける。葛粉を打ち、穴杓子にのせて湯にくぐらせる。ゆでて色出ししたジュンサイを添え、糸に切った青ユズ、梅肉を天盛りする。

春慶塗り二段重

一の段

鰻巻き玉子
まながつお味噌幽庵焼
かすてら
鶏けんちん
スモークサーモン奉書巻き
とうもろこしはさみ揚げ
パプリカ
蓮根オランダ
小芋
南京
蛸柔らか煮
車海老芝煮
山桃
冬子椎茸
合鴨ロース
鰻八幡巻き
茶巾麩

二の段

千代久　平目の昆布〆
　ばらこ　三つ葉
　昆布　芋いくら
和牛ローストビーフ
プチトマト
　レモン　粒マスタード
鱧寿司

お椀
玉子豆腐
鱚葛打ち　青梗菜　梅肉
柚子

春慶塗り二段重

一の段

①鰻巻き玉子

⇩61ページ。

②まながつお味噌幽庵焼

⇩23ページ。

③かすてら

⇩167ページ。

④鶏けんちん

⇩154ページ。

⑤スモークサーモン奉書巻き

ダイコンをかつらむきにし、立て塩に浸けてしんなりさせる。甘酢（⇩6ページ）に浸ける。棒状に切り分けたスモークサーモンとキュウリを芯にして、ダイコンで巻く。

⑥とうもろこしはさみ揚げ

魚のすり身にトウモロコシの実を混ぜ合わせ、蒸し固めて、切り分ける。エビのすり身をぬって二枚のトウモロコシ真丈で挟み、薄くてんぷらの衣をつけて揚げる。

⑦パプリカ

パプリカに薄くてんぷらの衣をつけて揚げる。

⑧蓮根オランダ

レンコンの皮をむき、流水にさらす。水気をとって揚げる。だし9、酒1、ミリン1、濃口醤油1、砂糖0・5の地で炊く。

⑨小芋

⇩144ページ。

⑩南京

⇩11ページ。

⑪蛸柔らか煮

⇩148ページ。

⑫車海老芝煮

⇩11ページ。

⑬山桃

⇩65ページ。

⑭冬子椎茸

干しシイタケをもどして、もどし汁、水、酒、砂糖、濃口醤油で炊く。

⑮合鴨ロース

⇩156ページ。

⑯鰻八幡巻き

⇩65ページ。

⑰茶巾麩

⇩19ページ。

二の段

⑱千代久　平目の昆布〆　ばらこ　三つ葉　昆布　芋いくら

龍皮昆布で昆布締めにしたヒラメを細かく刻む。細く切った昆布、塩ゆでした三ツ葉、土佐酢（⇩6ページ）で和え、バラコ（だし6、酒1、淡口醤油1、ミリン1を合わせ、追いガツオした地に浸けて味を含ませたもの）を混ぜ合わせる。すりおろしたツクネイモとイクラをのせる。

⑲和牛ローストビーフ　プチトマト　レモン　粒マスタード

⇩15ページ。

⑳鱧寿司

骨切りしたハモを魚ダレ（⇩6ページ）でたれ焼にする。さらしにのせる。ご飯に寿司酢（⇩6ページ）を合わせた寿司めしを焼きハモの上にのせて、巻き簀で巻き整え棒ずしにする。

お椀

㉑玉子豆腐

⇩11ページ。

㉒鱚葛打ち　青梗菜　柚子　梅肉

キスを三枚におろして上身にし、結ぶ。葛粉を打ち、蒸して透明感を出す。
塩湯で色出ししたチンゲンサイを添え、糸に切った青ユズ、梅肉を天盛りする。

丸三段重

一の段

千代久　茸と菊菜お浸し
明太子出巻き
鰆味噌幽庵焼
子持鮎山椒煮
松風
サーモン奉書巻き
渋皮栗
菊花蕪
鶏けんちん
紅葉丸十蜜煮
蓮根せんべい

二の段

海老芋　松皮長芋
紅葉人参　鯛オランダ煮
法連草　鶏つくね
いちょう南京
牛肉信田巻き
粟麩オランダ

三の段

海老手まり寿司
炊込みご飯
秋刀魚寿司

吸い物
甘鯛萩寄せ

丸三段重

一の段

①千代久　茸と菊菜お浸し

キノコ（シメジ、シイタケ、エノキ）を焼き網で焼く。塩湯でゆでたキク菜とともに浸し地（⇩6ページ）に浸ける。柿の形の蓋付きの器に盛る。

②明太子出巻き

メンタイコをほぐして卵液に混ぜ合わせ、出巻き（⇩166ページ）の要領で巻く。メンタイコは沈みやすいので混ぜながら卵液を巻き鍋に流すとよい。

③鰆味噌幽庵焼

サワラを味噌幽庵地に浸けて、串打ちし、焼く。

④子持鮎山椒煮

子持ちアユに串打ちして素焼きする。鍋に並べ、ほうじ茶を注いで煮る。途中でざらめ、淡口醬油を加え、味をつける。上がりに実ザンショウを加える。

⑤松風

⇩35ページ。

⑥サーモン奉書巻き

⇩35ページ。

⑦渋皮栗

クリの渋皮煮（⇩107ページ）にケシの実をつける。

⑧菊花蕪

⇩27ページ。

⑨鶏けんちん

⇩154ページ。

⑩紅葉丸十蜜煮

紅葉の形に抜いたサツマイモをクチナシ入りの湯でゆでて、水にさらす。レモンの輪切りを加えた蜜で炊く。

⑪蓮根せんべい

レンコンを薄切りにして揚げ、せんべいにする。

二の段

⑫海老芋

⇩31ページ。

⑬松皮長芋

円柱にむいたナガイモをバーナーであぶって焼き目をつけ、だし、酒、塩、砂糖、淡口醬油、ミリンに追いガツオ、差し昆布して炊く。

⑭紅葉人参

ニンジンを紅葉の形に切り、ゆがき、酒、だし、塩、淡口醬油、砂糖少量、ミリンで炊く。

⑮鯛オランダ煮

タイを三枚におとして、皮をつけたまま四角く切り分ける。打ち粉をして揚げる。水、酒、ミリン、砂糖、淡口醬油で粗焚きの要領で炊く。

⑯法連草

ホウレン草を塩湯でゆでて、浸し地（⇩6ページ）に浸ける。

⑰鶏つくね

キクラゲ、ニンジン、鶏のミンチを混ぜ合わせて、つくね状に形どり、昆布湯に落として固める。引き上げて水気をとり、油で揚げる。だし、酒、砂糖、濃口醬油、ミリンでしっかりめに炊く。

⑱いちょう南京

カボチャをイチョウの葉の形にむき、11ページの要領で炊く。

⑲牛肉信田巻き

牛肉を酒、水、砂糖、淡口醬油、赤酒で差し昆布をして2時間炊く。引き上げて冷やし、固まったら四角く切り出す。油抜きした薄揚げを切り開いて、牛肉を芯にして巻き、もどしたカンピョウで結ぶ。

⑳粟麩オランダ

粟麩を油で揚げて、だし、酒、砂糖、濃口醬油、淡口醬油、ミリンで炊く。

三の段

㉑海老手まり寿司

車エビを塩ゆでして殻をむき、半分に割り、酢で洗う。ご飯に寿司酢（⇩6ページ）を合わせた寿司めしを抱かせて、手まりの形にする。カラスミをすりおろした粉をふる。

㉒炊込みご飯

米を研ぎ、醬油ベースの炊き地で水加減し、シイタケ、シメジ、ニンジンを細かく切った具を混ぜて炊き上げる。

㉓秋刀魚寿司

サンマに鹿の子に包丁目を入れ、鯖生ずしの要領（⇩160ページ）で生ずしにする。バーナーで焼き目をつけ、棒ずしにする。

吸い物

㉔甘鯛萩寄せ

アマダイを薄切りにして酒をふり、蒸す。カブをすりおろし、泡立てた卵白を加える。塩ゆでのギンナン、もどしてアズキ、蒸したユリ根を混ぜ合わせ、アマダイの上に盛り、蒸す。

十二仕切り

菊蕪　菊花あん
　パプリカ　松葉絹さや
秋の幸白和え
　いくら
茸と菊菜お浸し
秋刀魚くわ焼
　長芋　くこの実
まながつお味噌幽庵焼
　はじかみ　酸橘
和牛ローストビーフ
　青とう　あけがらし
紅葉鯛造里
　南京　紅葉人参　赤紫蘇
　山葵
剣先烏賊　ます子
　より紅芯大根　菊花　山葵
帆立黄身揚げ
　胡瓜若布　酢取り茗荷
栗ご飯
俵ご飯
穴子小袖寿司

吸い物
萩真丈　梅肉
　玉子豆腐　法連草　酸橘

十二仕切り

①菊蕪　菊花あん　パプリカ　松葉絹さや

カブを菊花の形にむき、下ゆでし、鶏ガラスープ（⇩6ページ）をだしで割り、塩、ミリン、白醤油で味をつけた地で炊く。パプリカ、キヌサヤをさっとゆで、パプリカは紅葉の形に、キヌサヤは松葉の形に切り整える。吸い地に葛を引き、菊の花びらを加えた菊花あんをかける。

②秋の幸白和え　いくら

塩をふって蒸したクリ、酒煎りしたギンナン、ゆでて色出ししたキク菜、カキの実を白和えの衣（⇩164ページ）で和える。イクラを飾る。

③茸と菊菜お浸し

⇩73ページ。

④秋刀魚くわ焼　長芋　くこの実

サンマを三枚におろして小麦粉で打ち粉をし、フライパンで焼く。酒1、ミリン2、濃口醤油0・5、たまり醤油0・5の割合で合わせた地5勺に、砂糖大さじ1杯を加えたタレをからめる。刃叩きしたナガイモをのせ、クコの実を飾る。

⑤まながつお味噌幽庵焼　はじかみ　酸橘

⇩23ページ。

⑥和牛ローストビーフ　青とう　あけがらし

⇩15ページ。トウガラシ、麹、麻ノ実、醤油、三温糖から作られた調味料のアケガラシ（市販品）を天に添える。

⑦紅葉鯛造里　南京　紅葉人参　赤紫蘇　山葵

タイを三枚におろし、薄造りにする。イチョウの形にむいた黒皮カボチャ、紅葉の形にむいたニンジン、赤ジソ、ワサビを添える。

⑧剣先烏賊　ます子
より紅芯大根　菊花　山葵

ケンサキイカを糸造りにし、菊花に盛る。中心にマスのイクラを飾り、菊の花びら、紅芯ダイコンのよりけん、ワサビを添える。

⑨帆立黄身揚げ　胡瓜若布　酢取り茗荷

⇩157ページ。

⑩栗ご飯

⇩27ページ。

⑪俵ご飯

ご飯を炊き、物相型に詰めてまとめる。黒ゴマをふる。

⑫穴子小袖寿司

⇩65ページ。

吸い物

⑬萩真丈　梅肉

ハモを一枚に開き、一枚落としにする。ハモのすり身で作った真丈地（⇩6ページ）に混ぜ入れ、楕円形にまとめる。酒煎りしたギンナン、下ゆでして、だし、醤油、ミリン、塩で味をつけたアズキを埋め込む。昆布湯に落として、火を通す。

⑭玉子豆腐

⇩11ページ。

⑮法連草　酸橘

ホウレン草を塩湯でゆでて、浸し地（⇩6ページ）に浸ける。吸い口としてスダチの輪切りを添える。

長手二段重

上段
甘鯛塩焼
出巻き
筍木の芽焼
蕗
助子昆布巻き
海老芋
梅人参
松風
オランダ真丈

車海老芝煮
姫くわい素揚げ
一寸豆みじん粉揚げ
サーモンと長芋市松揚げ
　梅肉
鶏けんちん

下段

かぼす釜三種
　からすみ和え　芋いくら
菜種浸し　糸花かつお
生子はりはり　花山椒

ご飯

鯛ご飯　人参　うすい豆

造里

鰤
あおり烏賊
生雲丹　寄せ海苔
長芋　梅人参　南京より
　山葵　芽紫蘇
大根　紅芯大根
胡瓜のけん

吸い物

帆立真丈
若布　筍
ちぎり麩　木の芽　梅肉

長手二段重

上段

①甘鯛塩焼
ウロコを引いた皮つきのアマダイの切り身に塩をして、串を打って焼く。

②出巻き
⇩166ページ。

③筍木の芽焼
⇩15ページ。

④蕗
⇩11ページ。

⑤助子昆布巻き
タラコを薄板で巻いて、下ゆでする。薄板をはずし、早煮昆布で巻いて、竹の皮のひもで縛る。だし、酒、砂糖、濃口醬油で4～5時間炊く。

⑥海老芋
⇩31ページ。

⑦梅人参
⇩35ページ。

⑧松風
⇩35ページ。

⑨オランダ真丈
⇩158ページ。

⑩車海老芝煮
⇩11ページ。

⑪姫くわい素揚げ
姫クワイをクチナシを入れた湯でゆでて色づけしたのち、素揚げする。

⑫一寸豆みじん粉揚げ
⇩11ページ。

⑬サーモンと長芋市松揚げ　梅肉
棒状に切ったスモークサーモンと拍子木に切ったナガイモを互い違いに2つずつ組み合わせ、打ち粉をしてユバで巻き包む。薄めのてんぷらの衣をつけて揚げ、梅肉を飾る。

⑭鶏けんちん
⇩154ページ。

下段

かぼす釜三種

⑮からすみ和え　芋いくら
ヒラメの昆布締めを細く切る。ニンジン、三ツ葉をゆでて、浸し地（⇩6ページ）に浸ける。土佐酢（⇩6ページ）で味をととのえ、カラスミをすりおろして軽く湯煎にかけた粉を漉してふる。ツクネイモのすりおろしとイクラをのせる。

⑯菜種浸し　糸花かつお
ナタネを塩湯でゆでて、カラシを溶き入れた浸し地に浸ける。糸がきしたカツオ節をのせる。

⑰生子はりはり　花山椒
ナマコを掃除して切り分け、ほうじ茶でゆでて茶ぶりナマコにする。針ショウガを加えた土佐酢に浸ける。干しダイコンを水で戻して薄切りにし、土佐酢に浸ける。銅片を入れた酢水で色よくゆでた花ザンショウを添える。

ご飯

⑱鯛ご飯　人参　うすい豆
醬油ベースの炊き地で、研いだ米を水加減する。中骨からせせったタイの身、ニンジンの細切りを入れて炊く。塩ゆでしたエンドウの実を飾る。

造里

⑲鰤　あおり烏賊　生雲丹
ブリをさく取りし、平造りにする。アオリイカに細かく包丁目を入れて、俵形にまとめる。生ウニに寄せ海苔をのせる。

吸い物

⑳帆立真丈　若布　筍　ちぎり麩　木の芽　梅肉
下ゆでしたタケノコの根元を櫛形に切り分ける。ホタテも同じ形に切り分ける。混ぜながら積み上げて、玉子の素（卵に油を少しずつ加えながらマヨネーズ状にかき立てたもの）を加えた真丈地をのせてまとめる。10分ほど蒸して固める。

八角二段重

上段

造里
柚子釜盛り
平目　さより　甘海老

台盛
鰆幽庵焼
出巻き　つぼみ菜
一寸豆
地鶏の塩麹蒸し
サーモンと錦紙の奉書巻き
黒豆松葉刺し
百合根最中

揚げ物
椎茸利久揚げ
　ふきのとう　レモン

焚物
海老芋
助子旨煮
　木の芽
菜種
金時人参

下段

千代久釜二種
　五色大豆
白和え　芹　くこの実

ご飯
鯖寿司
かっぱ巻き　花丸

吸い物
鯛真丈
蕗　木の芽
若布

八角二段重

上段

造里

①柚子釜盛り　平目　さより　甘海老

柚子釜にヒラメの薄造り、サヨリの平造り、甘エビを盛る。

台盛

②鰆幽庵焼

⇩１４９ページ。

③出巻き

⇩１６２ページ。

④つぼみ菜

⇩15ページ。

⑤一寸豆

ソラマメをさやから取り出して、皮の黒い爪のような部分を切り取り、塩ゆでする。

⑥地鶏の塩麹蒸し

塩麹をまぶした地鶏のもも肉を棒状に巻き整え、蒸し固める。皮目に焼き目をつける。

⑦サーモンと錦紙の奉書巻き

ダイコンをかつらむきにして、立て塩に浸けてしんなりさせる。甘酢に浸ける。錦紙玉子とダイコン、スモークサーモンのスライスを重ね、キュウリを芯にして、ぐるぐると巻く。

⑧黒豆松葉刺し

黒豆蜜煮（⇩１２７ページ）を松葉に刺す。

⑨百合根最中

ユリ根をさばいて、さっとゆでる。焼き台で焼目をつける。玉味噌（⇩6ページ）を芯にして、二枚のユリ根で挟む。

揚げ物

⑩椎茸利久揚げ

生シイタケの傘の裏にエビのすり身をぬり、ゴマをつけて素揚げにする。

⑪ふきのとう　レモン

フキノトウにてんぷらの衣をつけて揚げる。

焚物

⑫海老芋

⇩31ページ。

⑬助子旨煮　木の芽

タラコの皮に切り目を入れて、湯に落として花を開かせる。

⑭菜種

⇩45ページ。

⑮金時人参

⇩39ページ。

下段

千代久釜二種

⑯五色大豆

ダイズを下ゆでしてもどす。差し昆布しただし、酒で弱火で1時間半〜2時間煮て、途中で砂糖、塩、淡口醤油で味をつける。水でもどして石突きを取ったキクラゲ、コンニャクとニンジンの小角切りをだし、砂糖、濃口醤油、塩、ミリンで炊く。エンドウの実を塩湯で色出しし、吸い地八方（⇩6ページ）でしんみりめに味をつける。

⑰白和え　芹　くこの実

セリを塩湯でゆでて、白和えの衣（⇩１６４ページ）で和える。

ご飯

⑱鯖寿司

さらしにサバの生ずし（⇩１５９ページ）を並べる。木ノ芽をのせ、ご飯に寿司酢（⇩6ページ）を合わせた寿司めしを棒状にまとめてのせる。巻き簾で巻き整え、適宜の大きさに切り出す。

⑲かっぱ巻き　花丸

巻き簾に海苔を広げ、ご飯に寿司酢（⇩6ページ）を合わせた寿司めしをのせ、花丸キュウリを芯にして巻く。

吸い物

⑳鯛真丈　蕗　木ノ芽　若布

真丈地（⇩6ページ）に、中骨からせせったタイの身を混ぜ合わせ、茶巾にとって、油で揚げる。湯に落として油を抜く。

コラム 2

食材名表記の注意点

店内で製造して販売する弁当の場合は、加工食品品質表示基準にもとづく表示（名称、原材料名、内容量、消費期限や賞味期限、保存方法、製造業者等の氏名または名称及び住所）の必要はありませんが（ただし、セントラルキッチンなど離れた場所で製造している場合は別です）、弁当にはメニューのように食材名をつける場合があると思われます。その際には、正しい表記を心がけなければなりません。

ひと頃、世の中を騒がせた食品偽装問題を受けて、２０１４年に景品表示法が改正されました。今後、実際よりも著しく優良と誤認させるなどの不当表示をした事業者は、売上げ額の３％の課徴金を支払わなくてはならなくなります。

食品偽装の問題の際には、「芝海老」が問題になりました。本物のシバエビは激減し、すでにほとんど流通しておらず、それに相当する小型のエビに置き換わっていたのですが、それと知らず料理名として使用してしまったケースです。市場で使われている食材名は通称だったり、商品名だったりします。エビでしたら、「才巻海老」のように大きさを示す言葉も使われており、よく知らないと混乱しやすいのが実情です。しかし消費者庁は問題のある表示の実例として、ブラックタイガーを車エビと称したり、サーモントラウト（ニジマス）をサーモンと称することを挙げており、正確さを求めています。

食品の産地の表示も注意が必要です。「〇〇産地鶏の塩焼」「〇〇産のタイ」と称していたのが、仕入れの都合で変わってしまうという事態は充分ありえます。また「鮮魚」や「朝どり」「有機」といったイメージをよくする名前ももしその通りではなかった場合、問題となります。業者任せで知らなかった、ではすまされないのです。

第3章
折詰いろいろ

ワンウェイの器に盛る折詰は、
お客さまが運んでも問題ないよう
隙間なく詰めるのが基本。
この章では各種折詰に加えて、
正月のおせちも紹介します。

杉折二段重

八寸
かぼす釜　くらげ酢　胡瓜
　芋いくら
出巻き
甘鯛塩焼
鶏けんちん
茶巾麩
松風
鯛小袖寿司

焚合せ
南京
小芋
蛸柔らか煮
オランダ真丈
青もみじ麩
アスパラガス

酢の物
蛇腹胡瓜
寄せ若布
粟麩オランダ
サーモン蓮根巻き
龍皮巻

合肴
和牛ローストビーフ
　ブロッコリー　レモン
　トマト

八寸
粗焚　蓮根　牛蒡
胡麻豆腐
鰻八幡巻き
新丸十レモン煮
車海老芝煮

ご飯
赤飯
白蒸し　枝豆

杉折二段重

八寸

①かぼす釜　くらげ酢　胡瓜　芋いくら

⇩61ページ。

②出巻き

166ページの要領で出巻きを巻く際に、一度目の卵液を流したのちに海苔をのせ、巻き込む。

③甘鯛塩焼

⇩81ページ。

④鶏けんちん

⇩154ページ。

⑤茶巾麩

⇩19ページ。

⑥松風

⇩35ページ。

⑦鯛小袖寿司

⇩11ページ。

焚合せ

⑧南京

⇩11ページ。

⑨小芋

⇩144ページ。

⑩蛸柔らか煮

⇩148ページ。

⑪オランダ真丈

⇩158ページ。

⑫青もみじ麩

⇩31ページ。

⑬アスパラガス

アスパラガスを塩ゆでし、浸し地（⇩6ページ）に浸ける。

酢の物

⑭蛇腹胡瓜

⇩49ページ。

⑮寄せ若布

ワカメをさっとゆでて色出しする。だしに塩で味をつけ、パールアガーを加えた地に混ぜ入れて冷やし固める。

⑯粟麩オランダ

⇩73ページ。

⑰サーモン蓮根巻き

レンコンを斜めに薄切りし、酢水でゆで、甘酢に浸けておく。拍子木に切ったキュウリを芯にしてスモークサーモンとレンコンで巻く。松葉串で差して止める。

⑱龍皮巻き

⇩162ページ。

合肴

⑲和牛ローストビーフ　ブロッコリー　レモン　トマト

⇩13ページ。

八寸

⑳粗焚　蓮根　牛蒡

タイのかまからヒレを切り取り、半分に切り分ける。レンコンとゴボウとともに、水、酒、砂糖、濃口醤油、たまり醤油、ミリン少量で直炊きにする。

㉑胡麻豆腐

⇩19ページ。

㉒鰻八幡巻き

⇩65ページ。

㉓新丸十レモン煮

サツマイモを皮つきのまま円柱にむき、レモン入りの蜜で炊く。

㉔車海老芝煮

⇩11ページ。

ご飯

㉕赤飯

白米（うるち7、もち米3）を研ぎ、水加減し、アズキを入れて炊く。

㉖白蒸し　枝豆

白米（うるち米7、もち米3）を研ぎ、水加減して炊く。ゆでたエダマメを散らす。

長平

八寸

蛸柔らか煮
鰻八幡巻き
花蓮根
サーモン幽庵焼
合鴨ロース　はじかみ

焼物

地鶏炭火焼
カリフラワー
スナックエンドウ
ミニトマト
サニーレタス
レモン

焚合せ

鰊茄子
ミニ青梗菜
千代久　肉しぐれ煮　青とう

揚げ物

鱧インゲンチーズ揚げ
南京
パプリカ
椎茸利久揚げ

ご飯

梅じゃこご飯　大葉
かます小袖寿司
鉄火巻き

長平

八寸

①蛸柔らか煮

⇩148ページ。

②鰻八幡巻き

⇩65ページ。

③花蓮根

⇩61ページ。

④サーモン幽庵焼

鮭を鰆幽庵焼（⇩150ページ）の要領で焼く。

⑤合鴨ロース　はじかみ

⇩156ページ。

焼物

⑥地鶏炭火焼

⇩57ページ。

⑦カリフラワー

⇩35ページ。

焚合せ

⑧鰊茄子

身欠きニシンを掃除し、さっと湯に通す。水、酒を張った鍋に入れ、さし昆布して2時間炊く。濃口醤油、たまり、ザラメ、黒砂糖、タカノツメを加える。干しエビとカツオ節をペーパータオルで包んで加え、1時間炊く。皮をむいて焼いた水ナスを加え、ウルメイワシの煮干しとサバ節を加え、さらに1時間炊く。

⑨ミニ青梗菜

ミニチンゲンサイを塩湯で色出しし、吸い地八方（⇩6ページ）に浸ける。

⑩千代久　肉しぐれ煮　青とう

⇩19ページ。

揚げ物

⑪鱧インゲンチーズ揚げ

ハモを一枚に開いて骨切りし、さらに半身に切り分ける。サヤインゲンとプロセスチーズの拍子木切りを芯にして、ハモの身で八幡巻の要領で巻く。卵白にくぐらせ、砕いたクラッカーを衣としてまぶす。揚げて、断面を見せるように切り分ける。

⑫南京　パプリカ

カボチャ、パプリカを卵白にくぐらせ、砕いたクラッカーを衣としてまぶし、揚げる。

⑬椎茸利久揚げ

⇩85ページ。

ご飯

⑭梅じゃこご飯　大葉

⇩61ページ。

⑮かます小袖寿司

カマスを5～6時間白板昆布で挟んで昆布〆にし、さらしにのせる。大葉ジソとワサビを挟み、ご飯に寿司酢（⇩6ページ）を合わせた寿司めしを棒状にまとめてのせる。巻き簀で巻き整える。カマスに焼き目をつけ、白板昆布をのせる。適宜の大きさに切り出す。

⑯鉄火巻き

ご飯に寿司酢（⇩6ページ）を合わせた寿司めしを、海苔を敷いた巻き簾の上に広げ、マグロを芯にして巻く。

長二段重

上段

千代久　糸瓜くらげ
胡瓜　胡麻
　とろろ芋　くこの実
サーモン幽庵焼
柚子釜　なます　いくら
胡麻豆腐
鶏けんちん
とうもろこしかき揚げ
蓮根はさみ揚げ

龍皮巻き
かます味噌幽庵焼
出巻き
鶏塩焼
茶巾麩
こんにゃく
山桃
スナックエンドウ

下段

焚合せ
ひろうす　とき芥子
小芋　ミニ青梗菜
ご飯
ちらし寿司
　さごし生寿司
冬子椎茸
才巻海老
鰻
錦糸玉子
花蓮根
　花丸胡瓜

長二段重

上段

①千代久　糸瓜くらげ　胡瓜　胡麻
とろろ芋　くこの実

塩クラゲを水に浸けて塩抜きし、適宜に切り分ける。ゆでて、水に落とす。キュウリを笹打ちし、立て塩に浸け、絞る。イトウリをゆでてゴマ油、ときガラシを加えた土佐酢に入れる。以上を猪口に入れ、ツクネイモのすりおろしをかけ、酒に浸したクコの実を飾る。

②サーモン幽庵焼

⇩95ページ。

③柚子釜　なます　いくら

ダイコン、ニンジンをせん切りにして、立て塩に浸ける。水気を絞って甘酢に浸ける。柚子釜に盛り、イクラを飾る。

④胡麻豆腐

⇩19ページ。

⑤鶏けんちん

⇩154ページ。

⑥とうもろこしかき揚げ

⇩61ページ。

⑦蓮根はさみ揚げ

⇩45ページ。

⑧龍皮巻き

⇩162ページ。

⑨かます味噌幽庵焼

⇩23ページ。

⑩出巻き

⇩166ページ。

⑪鶏塩焼

⇩57ページ。

⑫茶巾麩

⇩19ページ。

⑬こんにゃく

⇩49ページ。

⑭山桃

⇩65ページ。

⑮スナックエンドウ

⇩35ページ。

下段

焚合せ

⑯ひろうす　とき芥子

絞り豆腐5丁分に、全卵1個、ツクネイモのすりおろし200g、粉ミルク25g、コーンスターチ6gを混ぜ合わせて生地を作る。ゴボウ50g、ニンジン50g、キクラゲ40グラムを下ゆでし、だし、酒、淡口醤油、ミリンで煮て下味をつける。きざんで先の生地に混ぜ合わせる。6つに切った生シイタケ、ギンナンの半割、ユリ根を下ゆでし、混ぜ合わせる。楕円型にまとめて、油で揚げる。湯をかけて油抜きし、だし、酒、塩、ミリン、淡口醤油で煮て味をつける。

⑰小芋

⇩144ページ。

⑱ミニ青梗菜

⇩95ページ。

ご飯

⑲ちらし寿司
さごし生寿司　冬子椎茸　才巻海老
鰻　錦糸玉子　花蓮根　花丸胡瓜

サゴシを鯖生ずし（⇩160ページ）の要領で生ずしにする。ドンコシイタケを水に浸けてもどす。石突きを取る。もどし汁に浸けたまま、水を加えて火にかける。途中で酒、砂糖、濃口醤油を加えて、しっかりと煮つめる。車エビの頭、殻を除き、のし串を打って塩ゆでする。一枚に切り開いて酢洗いし、斜めに切る。

ウナギを一枚に開いて、霜降りしてぬめりを取る。だし、酒、塩、ミリン、白醤油で白煮にする。魚ダレ（⇩6ページ）をぬる。タコを桜煮にする（⇩148ページ）。ご飯に寿司酢（⇩6ページ）を合わせて寿司めしを作り、以上の具と錦糸玉子、花蓮根（⇩61ページ）、花丸キュウリをのせる。

丸折

八寸
まながつお味噌幽庵焼
鮑柔らか煮
けんちん
出巻き
いちょうカステラ
栗田舎煮
紅葉麩
茄子
海老芋
木ノ葉南京
千代久　牛肉と茸のすき焼
茶巾麩
菊花蕪

揚げ物
松茸甘鯛巻揚げ　万願寺　酸橘
帆立の黄身揚げ

焚合せ
吹寄せ蕪　海老　しめじ
銀杏　鶏つくね
パプリカ　きぬさや

酢の物
蟹の奉書巻き

ご飯
萩おこわ
　栗　銀杏　小豆

丸折

八寸

①まながつお味噌幽庵焼

⇩23ページ。

②鮑柔らか煮

⇩61ページ。

③鶏けんちん

⇩154ページ。

④出巻き

⇩166ページ。

⑤いちょうカステラ

⇩163ページ。

⑥栗田舎煮

クリを六方にむき、クチナシを入れた湯でゆでて色をつける。流水で洗う。だし、酒、濃口醬油、砂糖、ミリンで炊く。

⑦紅葉麩

⇩31ページ。

⑧茄子

⇩19ページ。

⑨海老芋

⇩31ページ。

⑩木ノ葉南京

⇩31ページ。

⑪千代久　牛肉と茸のすき焼

牛肉の薄切り、エノキタケ、しらたき、タマネギを割り下（⇩6ページ）で炊く。

⑫茶巾麩

⇩19ページ。

⑬菊花蕪

⇩27ページ。

揚げ物

⑭松茸甘鯛巻揚げ

マツタケを芯にして、アマダイの切り身で巻き、楊枝で止める。てんぷらの衣を薄くつけて揚げる。

⑮万願寺　酸橘

万願寺トウガラシにてんぷらの衣をつけて揚げる。

⑯帆立の黄身揚げ

⇩157ページ。

焚合せ

⑰吹寄せ蕪　海老　しめじ　銀杏　鶏つくね　パプリカ　きぬさや

カブを六方にむき、中央をくりぬく。軽くゆでて、鶏ガラスープ（⇩6ページ）で割っただし、塩、ミリン、白醬油で炊く。

車エビを芝煮（⇩11ページ）にする。シメジタケをゆがいて、八方だしでしっかり炊く。ギンナンをゆでてだし、酒、塩、淡口醬油、ミリンで炊く。パプリカは紅葉形に切り、吸い地八方（⇩6ページ）でしっかり炊く。鶏つくね（⇩73ページ）とともにカブに盛る。

酢の物

⑱蟹の奉書巻き

ダイコンをかつらむきにし、立て塩に浸けてしんなりさせたのち、甘酢に浸ける。ズワイガニの脚の棒身とキュウリの拍子木切りを市松に組み合わせる。ダイコンで巻く。

ご飯

⑲萩おこわ　栗　銀杏　小豆

白米（うるち米7、もち米3）を研ぎ、塩味ベースの炊き地（⇩6ページ）で水加減し、クリを入れて炊く。ゆでアズキ、ギンナンの塩煎りを散らす。

杉折箱

八寸
かぼす釜
烏賊と独活のもみじ和え
出巻き
かます味噌幽庵焼
海老黄身酢
鶏そぼろ松風
はじかみ
むかご真丈
鶏けんちん
子持ち鮎山椒煮
渋皮栗
紅葉丸十蜜煮
かぼす釜　白和え　いくら

焚合せ
小蕪旨煮
木ノ葉南京
帆立ひろうす
菊菜
紅葉人参
冬子椎茸
胡麻豆腐　山葵

揚げ物
鯛の雲丹はさみ揚げ
　平茸　青とう
　　紅葉せんべい

酢の物
胡瓜
寄せ若布
粟麩
茗荷
蟹黄身揚げ
鯖生ずし　みぞれ　くこの実
スモークサーモン奉書巻き

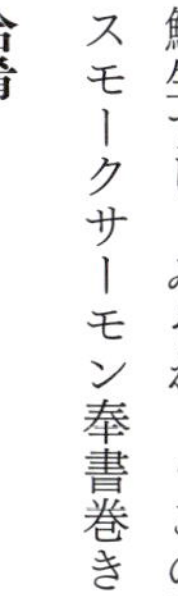

合肴
牛肉炭火焼
　蓮根　あわび茸　銀杏

ご飯
松茸ご飯　三つ葉
紅葉鯛の笹巻寿司
黒米のご飯

杉折箱

八寸

①かぼす釜　烏賊と独活のもみじ和え

イカを角切りにして、酒煎りにする。ウドを下ゆでする。白煮にし、メンタイコで和える。

②出巻き

⇩166ページ。

③かます味噌幽庵焼

⇩23ページ。

④海老黄身酢

塩煎りした車エビを背割りにし、黄身酢（土佐酢に卵黄4、全卵1を加える）を挟む。

⑤鶏そぼろ松風

鶏のミンチを煎り上げてそぼろにし、すり身に加える。砂糖、淡口醤油を加えて味をつける。流し缶に流して蒸し、四角く切り出す。ケシの実をふって、焼き台で焼く。

⑥むかご真丈

ムカゴを下ゆでして、だし、酒、塩、淡口醤油、ミリンで旨煮にする。真丈地（⇩6ページ）に混ぜ合わせ、流し缶に流して蒸す。断面を見せるように切り分ける。

⑦鶏けんちん

⇩154ページ。

⑧子持ち鮎山椒煮

⇩73ページ。

⑨渋皮栗

クリの鬼皮をむいて、重曹を加えた湯で一度下ゆでする。ゆで汁に浸けたまましばらくおき、筋を掃除する。再び火にかけ、もう一度掃除する。新しい湯でゆで、重曹を抜く。水にさらす。蒸し器に移して蒸し、水分をとばす。水に砂糖を溶かしたシロップで蜜煮にする。

⑩紅葉丸十蜜煮

⇩73ページ。

⑪かぼす釜　白和え　いくら

ミズナをさっとゆでて色だしし、白和えの衣（⇩164ページ）で和える。イクラを飾る。

焚合せ

⑫小蕪旨煮　木ノ葉南京

小カブを櫛形にむいてゆでる。鶏ガラスープ（⇩6ページ）とだしを合わせ、塩、醤油、ミリンを加えて炊く。

⑬ひろうす

⇩99ページ。

⑭菊菜　紅葉人参

⇩39、73ページ。

⑮冬子椎茸

⇩69ページ。

⑯胡麻豆腐　山葵

⇩19ページ。

揚げ物

⑰鯛の雲丹はさみ揚げ

タイの切り身を片開きにして切り開き、切りはずす。ウニを挟み、薄衣を付けて揚げる。

⑱平茸　青とう　紅葉せんべい

ヒラタケ、シシトウは素揚げにする。サツマイモを紅葉の形に切って、素揚げにしてせんべいにする。

酢の物

⑲胡瓜　寄せ若布　粟麩　茗荷

⇩91ページ。

⑳蟹黄身揚げ　みぞれ　くこの実

ズワイガニの足身に片栗粉、卵黄をつけて揚げる。大根おろしに土佐酢を加え、酒でもどしたクコの実を飾る。

㉑鯖生ずし

⇩160ページ。

㉒スモークサーモン奉書巻き

⇩69ページ。

合肴

㉓牛肉炭火焼

牛のミスジに塩をふって、串を打ち、焼く。

㉔蓮根　あわび茸　銀杏

レンコン、アワビタケに塩をふって塩焼にする。ギンナンの殻を割って薄皮をむき、揚げたのち、塩をふる。

ご飯

㉕松茸ご飯　三つ葉

⇩31ページ。

㉖紅葉鯛の笹巻寿司

厚めのタイに強めの塩を当てて、60分おく。酢に45分浸ける。寿司めしを合わせて笹の葉で巻く。

㉗黒米のご飯

白米1升に黒米50gを加え、通常のご飯の要領で炊く。

台盛

レモン釜　芹白和え　いくら
出巻き
まながつお西京焼
茶巾麩
地鶏の塩麹蒸し
丸十蜜煮
助子旨煮
鮑柔らか煮
筍山椒焼
車海老香味酢
黒豆松葉刺し
ブロッコリー

長手

揚げ物
蓮根はさみ揚げ
こごみ
椎茸
パプリカ

酢の物
蟹の奉書巻き
鯖生ずし
若布
粟麩オランダ
蛇腹胡瓜　酢取り茗荷

千代久
菊菜と薄揚げの煮浸し
　糸花かつお

ご飯
紅白ご飯

長手

台盛

①レモン釜　芹白和え　いくら

セリをゆでて、白和えの衣（⇩１６４ページ）で和える。イクラをのせる。

②出巻き

⇩１６６ページ。

③まながつお西京焼

白の粒ミソを酒、ミリンで柔らかくのばし、マナガツオの切り身を一日間漬ける。ミソをふきとり、串打ちして焼く。

④茶巾麩

⇩19ページ。

⑤地鶏の塩麹蒸し

⇩85ページ。

⑥丸十蜜煮

⇩23ページ。

⑦助子旨煮

⇩85ページ。

⑧鮑柔らか煮

⇩61ページ。

⑨筍山椒焼

⇩49ページ。

⑩車海老香味酢

車エビを塩ゆでして、頭、殻を除き、土佐酢に浸ける。

⑪黒豆松葉刺し

⇩85ページ。

⑫ブロッコリー

ブロッコリーを塩ゆでしておか上げし、マヨネーズで和えたメンタイコをのせる。

揚げ物

⑬蓮根はさみ揚げ

⇩23ページ。

⑭こごみ

コゴミにてんぷらの衣をつけて揚げる。

⑮椎茸

シイタケにてんぷらの衣をつけて揚げる。

⑯パプリカ

⇩57ページ。

酢の物

⑰蟹の奉書巻き

ダイコンをかつらむきにし、立て塩に浸けてしんなりさせたのち、甘酢に浸ける。ズワイガニの脚の棒身とキュウリの拍子木切りを市松に組み合わせる。龍皮昆布と錦紙昆布でカニとキュウリを芯にして巻き、さらにダイコンで巻く。

⑱鯖生ずし

⇩１６０ページ。

⑲寄せ若布

⇩91ページ。

⑳粟麩オランダ

⇩73ページ。

㉑蛇腹胡瓜　酢取り茗荷

⇩49ページ。

㉒千代久　菊菜と薄揚げの煮浸し　糸花かつお

ゆでたキク菜とエノキタケ、きざんだ薄揚げをだし、酒、塩、淡口醤油、ミリンで炊いて煮浸しにする。糸がきしたカツオ節をのせる。

ご飯

㉓紅白ご飯

赤飯（⇩91ページ）と豆ご飯（⇩35ページ）を丸い型でぬく。

六角 一

台盛
千代久　からすみ和え
出巻き
茶巾麩
鰆幽庵焼
鶏けんちん
梅人参
菜種
子持昆布
小倉蓮根
蓬麩田楽
くわい
一寸豆みじん粉揚げ
蓮根はさみ揚げ

ご飯
海老芋ご飯
　三つ葉　柚子
鯛ご飯
　木の芽

六角 一

台盛

①千代久　からすみ和え

三ツ葉とニンジンのせん切りをゆでて、浸し地（⇩6ページ）に浸ける。土佐酢（⇩6ページ）で味をととのえ、カラスミをすりおろして湯煎にかけた粉をふる。イクラをのせる。

②出巻き

⇩166ページ。

③茶巾麩

⇩19ページ。

④鰆幽庵焼

⇩150ページ。

⑤鶏けんちん

⇩154ページ。

⑥梅人参

⇩35ページ。

⑦菜種

⇩45ページ。

⑧子持昆布

⇩45ページ。

⑨小倉蓮根

レンコンの皮をむき、流水に2時間ほどさらす。アズキを湿らせて片栗粉をまぶし、レンコンの穴の中に半分ほど入れ、ガーゼで包む。だし13、ミリン1・2、淡口醤油1の地を沸かしてレンコンの包みを入れ、落とし蓋をして1・5時間炊く。途中で砂糖を加え、炊き上がったら地に浸けたまま冷まして味を含ませる。穴の半分ほどを満たしていたアズキがふくらみ、穴にぴったり納めるので、断面を見せるようにして切り分ける。

⑩蓬麩田楽

⇩35ページ。

⑪くわい

クワイをクチナシを入れた湯でゆでて色づけし、水にさらす。素揚げにする。

⑫一寸豆みじん粉揚げ

⇩11ページ。

⑬蓮根はさみ揚げ

⇩23ページ。

ご飯

⑭海老芋ご飯　三つ葉　柚子

米を研ぎ、塩味ベースの炊き地（⇩6ページ）で水加減し、海老イモを入れて炊く。炊きあがりに塩湯でゆでた三ツ葉をのせ、ふりユズする。

⑮鯛ご飯　木の芽

⇩81ページ。

六角 二

台盛

出巻き
鰆西京焼
雪輪蓮根
合鴨ロース
牛蒡牛肉巻き
一寸豆蜜煮
海老芋
助子昆布巻き
きぬさや
梅麩
車海老芝煮
鶏つくね
ブロッコリー
椎茸利久揚げ
サーモン市松揚げ
帆立黄身揚げ
青とう
たらの芽
黒豆蜜煮
柚子

ご飯

蟹ご飯　うすい豆

六角 二

台盛

①出巻き

⇩166ページ。

②鰆西京焼

⇩15ページ。

③雪輪蓮根

レンコンをむいて、穴に向かって切り込みを入れて雪輪の形にする。薄切りにし、酢水でゆで、甘酢（⇩6ページ）に浸ける。

④合鴨ロース

⇩156ページ。

⑤牛蒡牛肉巻き

⇩35ページ。

⑥一寸豆蜜煮

⇩145ページ。

⑦海老芋

⇩31ページ。

⑧助子昆布巻き

⇩81ページ。

⑨きぬさや

キヌサヤを塩湯でゆでて色出しし、おか上げしてふり塩をする。

⑩梅麩

梅麩をだし、酒、淡口醤油、砂糖、ミリン、塩で炊く。

⑪車海老芝煮

⇩11ページ。

⑫鶏つくね

⇩73ページ。

⑬ブロッコリー

ブロッコリーを塩湯でゆでておか上げする。

⑭椎茸利久揚げ

⇩85ページ。

⑮サーモンと長芋市松揚げ

⇩81ページ。

⑯帆立黄身揚げ

⇩157ページ。

⑰青とう

シシトウを素揚げにする。

⑱たらの芽

タラノ芽のはかまを取り、素揚げにする。

⑲黒豆蜜煮　柚子

⇩127ページ。

ご飯

⑳蟹ご飯　うすい豆

⇩35ページ。

子供弁当

千代久　肉しぐれ煮
かすてら
赤こんにゃく
桜人参
鶏塩焼
和牛ローストビーフ
スナックエンドウ
一寸豆と丸十かき揚げ
蟹と若牛蒡の東寺揚げ
青とう
花びら人参
海老フライ
新じゃがフライ
蓮根はさみ揚げ
俵海苔巻き
筍と桜海老のご飯

子供弁当

①千代久　肉しぐれ煮
⇩19ページ。

②かすてら
⇩167ページ。

③赤こんにゃく
⇩49ページ。

④桜人参
⇩11ページ。

⑤鶏塩焼
⇩57ページ。

⑥和牛ローストビーフ
⇩15ページ。

⑦スナックエンドウ
⇩35ページ。

⑧一寸豆と丸十かき揚げ
ソラマメとサツマイモのせん切りにてんぷらの衣をつけて揚げる。

⑨蟹と若牛蒡の東寺揚げ
⇩53ページ。

⑩青とう
⇩119ページ。

⑪花びら人参
ニンジンを花びらの形に切り、てんぷらの衣をつけて揚げる。

⑫海老フライ
⇩57ページ。

⑬新じゃがフライ
⇩57ページ。

⑭蓮根はさみ揚げ
⇩23ページ。

⑮俵海苔巻き
ご飯を炊いて俵形にまとめ、帯状に切った海苔で巻く。

⑯筍と桜海老のご飯
⇩57ページ。

おせち

一の重
黒豆蜜煮
小蛸つや煮
いかチーズ
紅白小袖蒲鉾
伊達巻き
生子はりはり
車海老旨煮
鮑旨煮
和牛ローストビーフ
数の子
若桃蜜煮
合鴨ロース蒸煮
海老針魚手綱巻き
さごし生寿司
干柿チーズ

二の重
梅人参
竹の子旨煮
助子昆布巻き
松笠くわい
棒鱈旨煮
手綱蒟蒻旨煮
海老芋旨煮
鶏つくねオランダ
若鶏玉子けんちん
鰻八幡巻き
椎茸つや煮

三の重――

紅白なます　いくら
蟹月冠
手まり麩
さつま寄せ
鰆柚庵焼
魴柚庵焼
鶏そぼろ松風
花蓮根
栗きんとん
田作り
龍皮巻き
酢牛蒡
栗渋皮煮
栗蜜煮
金柑蜜煮
菊花蕪
彩り錦紙巻き

おせち

1
2
3
4
5
6
7
8
9
10
11
12
13
14
15

16
17
18
19
20
21
22
23
24
25
26

27
28
29
30
31
32
33
34
35
36
37
38
39
40
41
42
43

一の重

①黒豆蜜煮

黒マメを還元鉄、塩、重曹とともに一晩水に浸けておく。そのまま強火にかけ、マメが踊り出す直前で火を弱めて、アクを引きながら、柔らかくなるまでゆでる。流水にさらす。水1升に対して砂糖800g、濃口醤油少量を加えた蜜で煮る。

②小蛸つや煮

酒8、ミリン1、濃口醤油1を合わせた地に、ダイコン、ショウガを入れて、小ダコを直炊きにする。

③いかチーズ

ゆでたヒメイカにプロセスチーズを詰める。

④紅白小袖蒲鉾

解説省略。

⑤伊達巻き

解説省略。

⑥生子はりはり

⇩81ページ。

⑦車海老旨煮

車エビを水12、酒16、ミリン4、淡口醤油4、砂糖2で炊く。

⑧鮑旨煮

アワビを掃除し、口ばしを取る。殻つきのまま酒、昆布だし、ダイコンで2時間もどす。酒4、ミリン1、濃口醤油0・7、砂糖120gで炊く。

⑨和牛ローストビーフ

⇩15ページ。

⑩数の子

カズノコを米のとぎ汁に浸けて薄皮を掃除する。薄い塩水に浸けて塩抜きする。一晩酒に浸ける。だし5、酒5、ミリン2、淡口醤油2を合わせて、追いガツオした地に一晩仮漬けする。引き上げて、新しい地に漬け直し、2日間本漬けする。

⑪若桃蜜煮

モモの若い青い実を、水1升、砂糖800gの蜜で煮る。

⑫合鴨ロース蒸煮

⇩154ページ。

⑬海老針魚手綱巻き

ゆでた車エビ、キュウリ、サヨリの上身を太さを揃えて細長く切る（サヨリは中央の筋のある部分を使う）。車エビは酢洗いし、キュウリは塩をあてたあと、酢洗いする。サヨリは塩水に浸け、生ずしにする。ラップ紙を広げた巻き簾に斜めに並べ、棒状にした芋ずし（⇩6ページ）をのせる。芋ずしを芯にして巻き簾で巻く。

⑭さごし生寿司

サゴシに塩をあてて90分おく。水2、酢7、砂糖1・2の合わせ酢に漬けて90分おく。

⑮干柿チーズ

干しガキのへたを取り、切り開いて、種を除く。ラップ紙を広げた巻き簾の上に広げ、クリームチーズを芯にして丸く巻く。

二の重

⑯梅人参

ニンジンを梅の花の形にむき、下ゆでする。鍋に入れ、酒をひたひたの量まで入れて、野菜用の煮物だし（液体だしに棒鱈の煮汁と車海老芝煮の煮汁を加えて調味したもの）を加え、3〜4時間炊き、最後に淡口醤油で味をととのえる。

⑰竹の子旨煮

小さめのタケノコを半割りにし、ゆでて水にさらす。鍋に入れ水と酒をひたひたの量まで入れて、野菜用の煮物だしを加えて5〜6時間炊く。

⑱助子昆布巻き

スケトウダラのタラコを薄板で巻いて、下ゆでする。薄板をはずし、早煮昆布で巻いて、再び薄板で巻き、竹の皮のひもで縛る。鍋に並べ、水と酒をひたひた強の量まで入れて、砂糖、濃口醤油を加え、11時間炊く。

⑲松笠くわい

クワイを松笠の形にむき、鍋に入れる。水と酒をひたひたの量まで入れて、野菜用の煮物だしを加えて5時間半炊く。

⑳棒鱈旨煮

ボウダラをゆでて、水にさらして鍋に入れ、水を張り、沸き始めたらアクを取る。火を弱めて昆布蓋をし、砂糖、淡口醤油、酒を加え、10〜11時間かけてことことと炊く。

㉑手綱蒟蒻旨煮

手綱コンニャクを下ゆでし、鍋に入れて酒をひたひたの量まで入れて、野菜用の煮物だしを加えて5時間炊き、最後に濃口醤油で味をととのえる。

㉒海老芋旨煮

海老イモを六方にむき、水と酒をひたひたの量まで入れて、野菜用の煮物だしを加えて3〜4時間直炊きする。

㉓鶏つくねオランダ

キクラゲ、ニンジン、鶏のミンチを混ぜ合わせて、つくね状に形どり、昆布湯に落として固める。引き上げて水気をとり、油で揚げる。鍋に入れて酒をひたひたの量まで入れて、棒鱈の煮汁と車海老芝煮の煮汁を加えて調味し、3時間炊く。

㉔若鶏玉子けんちん

⇩154ページ。

㉕鰻八幡巻き

⇩65ページ。

㉖椎茸つや煮

たっぷりの水でもどし、軸を切って鍋に入れる。もどし汁は使わずに新しい水と酒を鍋に張り、6時間炊く。酒を足し、砂糖、濃口醤油、たまりで味をつけ、さらに5時間炊く。

三の重

㉗紅白なます　いくら

ダイコンとニンジンをせん切りにし、立て塩に浸けたのち、甘酢に浸ける。酒5、濃口醤油2、ミリン0・8に浸けたイクラをのせる。

㉘蟹月冠

ラップ紙を広げた巻き簾にベニズワイガニの棒身を並べ、棒状にした芋ずし（⇩6ページ）をのせる。芋ずしを芯にして巻き簾で巻き、蒸し固める。

㉙手まり麩

解説省略。

㉚さつま寄せ

サツマイモ1kgをクチナシを加えた水からゆでたのち、蜜煮にする。サツマイモを煮た蜜5勺に小麦粉85g、葛粉80gを溶いて加え、裏漉しし、流し缶に流す。サツマイモの薄切りを並べて、90℃のスチコンで80分間蒸す。パールアガーを塗る。

㉛鰆柚庵焼

サワラの上身を酒2、ミリン1、濃口醤油0・8の割合で合わせた地に1日漬け、串打ちして焼く。

㉜魴柚庵焼

サワラと同様。

㉝鶏そぼろ松風

鶏のミンチ1kgをゴマ油で炒め、濃口醤油と砂糖で、味をつける。白身魚のすり身2kg、プロセスチーズ250g、昆布だし3合、淡口醤油70cc、ミリン50ccを合わせ、鶏のミンチを加えて流し缶に流して蒸す。切り出して、天火で乾かすように焼く。煮きりミリンをぬってケシの実をまぶしつける。

㉞花蓮根

レンコンを花の形にむき、水にさらし、酢水でゆがく。水3合、酢1合、砂糖130g、塩少量、昆布6gの甘酢に浸ける。

㉟栗きんとん

サツマイモを蒸して、裏漉しする。蜜を加えて火にかけ、ちょうどいい濃度になるまで練る。クリの蜜煮を混ぜ合わせる。

㊱田作り

ゴマメを140℃のオーブンで20分間空煎りする。酒4、ミリン1、濃口醤油0・8、砂糖0・5、たまり0・4の地をからめる。

㊲龍皮巻き

⇩162ページ。

㊳酢牛蒡

みがきゴボウを食べやすい長さに切り、酢水でゆがく。おか上げして冷まし、水2・8合、酢0・5合、砂糖75g、塩少量、昆布5gの割合で浸ける。切りゴマをまぶす。

㊴栗渋皮煮

クリの鬼皮をむき、重曹を入れた湯でゆでる。水にさらして、掃除する。水1升、砂糖600gの蜜でことこと炊いて、あがりに濃口醤油50ccを加える。

㊵栗蜜煮

クリの鬼皮と渋皮をむき、水1升、砂糖800gの蜜で炊く。

㊶金柑蜜煮

キンカンに包丁目を入れて、種を抜く。さっとゆでて、水1升、砂糖650gの蜜で炊く。

㊷菊花蕪

27ページの要領で菊花の形に包丁したカブを水7升、塩650gの塩水につけ、水3合、酢1、砂糖0・8合、塩少量、昆布40gの甘酢に浸ける。

㊸彩り錦紙巻き

塩、砂糖で味をつけて錦紙玉子を焼く。フィッシュスティック（カニ風味カマボコ）とキュウリを大きさに切り、キュウリに塩をあてておく。それぞれ、水2、酢7、砂糖1・2の割合の酢に浸ける。酢取りショウガを挟みながら市松模様にキュウリとフィッシュスティックを並べ、錦紙玉子で巻く。

第4章
弁当の詰め方

彩りを考えながら、運んでも
崩れたり偏ったりしないように
詰めるのが弁当のむずかしさ。
慶弔の松花堂と折詰の盛込みから、
そのこつを探ります。

八寸
つぼつぼ　子持昆布
　くこの実
千代久　五色なます
　芋いくら
鰻巻き
鶏けんちん
茶巾麩
鰆幽庵焼
花蓮根
松風
車海老芝煮
一寸豆蜜煮

祝いの松花堂弁当

焚合せ
小芋
穴子錦昆布巻き
茄子
南京
結びこんにゃく
きぬさや

造里
鯛　鮪　剣先烏賊
巻き大根　大葉　人参
大根けん
穂紫蘇　赤紫蘇
寄せ海苔　山葵

ご飯
白ご飯
俵赤飯

先付
生湯葉　雲丹　べっこうあん

お椀
海老真丈　紅白帯掛
つる菜　木の芽

松花堂の詰め方

十字に仕切られた松花堂は、あらかじめ料理を盛った器を後からはめ込むことができるため、分業しやすく、作業性に優れている。はめ込む器は角型と丸型を組み合わせて変化をつけ、食事の際に飯椀が左手前にくるのにならって、左手前の枡にはご飯を盛るようにする。直接料理を盛り付ける枡から作業を始め、奥から手前に向かって盛り付けていくとよい。

①八寸を直接盛る枡に銀紙を、ご飯を盛る枡には熊笹を敷く。八寸の枡の左奥の隅にあらかじめ料理を盛った猪口を、右手前の隅につぼつぼを置く。

②右奥の角に鰻巻きを盛り、葉蘭で仕切る。

③葉蘭の前に鶏けんちんを盛る。

④鶏けんちんの手前に茶巾麩を盛る。

⑤猪口の手前に鰆幽庵焼を盛り、葉蘭で仕切る。

⑥葉蘭の前に花蓮根を盛る。

⑦左手前の隅に松風を盛る。

⑧中央手前に車海老芝煮を盛る。空いたスペースに一寸豆を散らして八寸が完成。

⑨熊笹の上に型で抜いたご飯と赤飯を盛る。

⑩四角い染付の皿に敷き妻のニンジンとダイコンのけんを敷き、大葉ジソをのせる。

⑪大葉ジソの上にタイのへぎ造りを盛り、タイの手前にマグロの角造りを盛る。

⑫右手前にイカを丸めて盛る。造りの盛り込みの場合、通常は奥が高く、手前が低くなるよう意識して盛るが、弁当では崩れにくさを優先する。

⑬立て妻の穂ジソやワサビなどをあしらう。

⑭丸い赤絵の皿の奥に小芋を二つ盛り、これを盛り付けの土台とする。キヌサヤを立てかける。

⑮キヌサヤの左右に昆布巻きとナスを盛る。祝いの料理なので、昆布巻きは黒い龍皮昆布ではなく、明るい色の白板昆布を使っている。

⑯手前にカボチャを盛り、結びコンニャクをのせる。崩れにくいよう、中央がうず高くなるように意識する。

⑰左奥の枡に造里を盛った染付の皿をはめ込む。

⑱右手前に枡に焚合せを盛った赤絵の皿をはめ込む。

祝いの松花堂弁当

八寸

①つぼつぼ　子持昆布　くこの実

⇩45ページ。

②千代久　五色なます　芋いくら

⇩39ページ。

③鰻巻き

棒状に切ったウナギの蒲焼3本を芯にして、出巻き（⇩166ページ）を巻く。

④鶏けんちん

⇩154ページ。

⑤茶巾麩

⇩19ページ。

⑥鰆幽庵焼

⇩149ページ。

⑦花蓮根

⇩61ページ。

⑧松風

⇩39ページ。

⑨車海老芝煮

⇩11ページ。

⑩一寸豆蜜煮

⇩145ページ。

焚合せ

⑪小芋

⇩144ページ。

⑫穴子錦昆布巻き

ダイコンをかつらむきにし、立て塩に浸けてしんなりさせる。白板昆布と錦紙玉子を重ね、アナゴを芯にして巻き、酒、水、砂糖、淡口醤油で炊く。

⑬茄子

⇩19ページ。

⑭南京

⇩49ページ。

⑮結びこんにゃく

⇩49ページ。

⑯きぬさや

⇩119ページ。

造里

⑰鯛　鮪　剣先烏賊
巻き大根　大葉　人参　大根けん
穂紫蘇　赤紫蘇　寄せ海苔　山葵

タイをへぎ造りに、マグロを角造りにする。ケンサキイカに細かく包丁目を入れて、俵形にする。

ご飯

⑱白ご飯

ご飯を物相型で花の形に抜き、黒ゴマをふる。

⑲俵赤飯

赤飯を炊き（⇩91ページ）、物相型で俵型にまとめる。

先付

⑳生湯葉　雲丹　べっこうあん

生ユバに生ウニをのせ、だし8、ミリン1、濃口醤油0・8に葛を引いたべっこうあんをかける。

お椀

㉑海老真丈　紅白帯掛　つる菜　木の芽

白身魚のすり身とエビのすり身を合わせる。すりおろしたツクネイモを同量合わせ、昆布だし、浮き粉少量を加える。塩、淡口醤油、ミリンで味をととのえる。フットボール状に形どり、蒸し固める。帯状に切ったニンジンとダイコンをのせる。塩湯でゆで色だししたツル菜を吸い地八方（⇩6ページ）に浸ける。木ノ芽を添える。

仏事の折詰

レモン釜　白和え　法連草
　赤こんにゃく　椎茸　花山椒
かぼす釜　なます　いくら
出巻き
まながつお幽庵焼　はじかみ
穴子八幡巻き
鶏けんちん
龍皮巻き
松風
かすてら

蛸柔らか煮
オランダ真丈
茶巾麩
合鴨ロース
小茄子オランダ煮
一寸豆
芥子蓮根

俵ご飯
豆ご飯

折詰の詰め方

折詰は通常の弁当以上にびっしりと詰めて、
傾けても料理が偏らないように盛り付ける。
それにはまず四隅から詰め始め、
柚子釜のような形がしっかりしていて
ゆるまないものから
先に盛って周囲を固め、
中央部分に不規則な形のものを
差し込むようにするとよい。
また味つけや調理法の似たもの同士は
同じブロックに盛り、適宜葉蘭で仕切って
味や色が隣の料理に移らないように
配慮することも必要だ。

①型で抜いたご飯を手前に一列に盛る。

②左奥の隅に料理を盛ったレモン釜を、右隅に出巻きを盛る。

③レモン釜と出巻きの間に鶏けんちんを盛り、味や色の移りやすい出巻きは葉蘭で仕切る。

④葉蘭の手前に、まながつお幽庵焼と穴子八幡巻きを盛る。この折詰は仏事用を想定しているが、精進に徹することなく肉や魚介類も用いている。

⑤八幡巻きの手前を葉蘭で仕切って、龍皮巻きを盛る。さらにご飯と料理の間を熊笹で仕切る。

⑥レモン釜の手前に松風、蛸の柔らか煮、かすてらを順に盛り、サイズと形の揃った料理で左側の列を固める。

⑦中央にオランダ真丈、茶巾麩を盛る。

⑧茶巾麩とオランダ真丈の間に小茄子を盛り、オランダ真丈の手前にかぼす釜を置く。

⑨はじかみを焼物に立てかける。仏事用なので赤い色が目立たないよう、上下を逆さにする。

⑩合鴨ロースを折り曲げて中央に盛る。

⑪中央手前に芥子蓮根を盛る。

⑫空いたスペースに一寸豆を散らして完成。

仏事の折詰

①レモン釜　白和え　法連草
　赤こんにゃく　椎茸　花山椒
　ホウレン草をゆでて色出しし、浸し地に浸ける。赤コンニャクに細かく切り目を入れて、だし、酒、淡口醤油、ミリンで煮含める。生シイタケを焼く。白和えの和え衣（⇩154ページ参照）で和える。レモン釜に盛り、銅片を入れて酢水で色よくゆがいた花ザンショウをのせる。

②かぼす釜　なます　いくら
⇩99ページ。

③出巻き
⇩166ページ。

④まながつお幽庵焼　はじかみ
⇩19ページ。

⑤穴子八幡巻き
⇩152ページ。

⑥鶏けんちん
⇩154ページ。

⑦松風
⇩39ページ。

⑧かすてら
⇩167ページ。

⑨蛸柔らか煮
⇩148ページ。

⑩オランダ真丈
⇩158ページ。

⑪茶巾麩
⇩19ページ。

⑫合鴨ロース
⇩156ページ。

⑬小茄子オランダ煮
⇩19ページ。

⑭龍皮巻き
⇩162ページ。

⑮一寸豆
⇩85ページ。

⑯芥子蓮根
　細めのレンコンを薄い酢水でゆでて、おか上げする。煮抜き玉子の黄身を裏漉しし、玉味噌を加え、溶きガラシを加えて芥子味噌を作る。レンコンの穴に詰め、黄身衣をつけて揚げる。断面を見せて切り分ける。

⑰俵ご飯
　白いご飯を物相型で俵型に抜き、白ゴマをふる。

⑱豆ご飯
⇩45ページ。

コラム3

弁当箱の材質について

かつて弁当を詰める器としては、漆の塗りや白木が使われてきました。しかし丈夫さが求められる仕出し用や、安くて使い勝手のよさが求められる折詰用として、さまざまな素材が開発されています。

器の土台としては木材を組み立てるのではなく、木の粉を合成樹脂で固めたり、プラスチックで整形できるようになり、いろいろな形のものが作れるようになりました。ただしこれには型が必要になるので大量生産向き。自店オリジナルの形にこだわったり、焼き印を入れたりするには、昔ながらの白木の杉折が向いています。スギのほかにも、エゾマツやシナなどの木も使われ、高級感があります。

また塗料では漆に代わって、人工漆のカシューや、ウレタンなどの合成樹脂があります。白木であっても透明なウレタンやコーティングを引いて防水し、洗えるようにした製品もあります。

折詰用としては、ごく薄い木を組み合わせた経木や竹の皮製が一般的でしたが、発泡スチロールであるPSPや紙製のものが広く使われるようになりました。これらは形や色、模様に変化をつけて華やかなものを作れるほか、軽くて持ち運びが楽な点や食べ終わったあと破棄しやすい点などが特徴です。

そのほか、折詰の中を仕切る葉蘭や、料理を小分けにするプラスチックやフィルム製の容器、別添えの醤油やソースを詰める「タレビン」なども、なくてはならないアイテムです。家庭の弁当用にも非常に凝った商品がある時代ですから、こうした小物にもセンスが問われるようになってきています。

第5章
定番料理の作り方とこつ

弁当に盛る料理は崩れにくく
汁が出にくいといった、
普段とは異なる特徴が求められます。
本書でよく登場する料理を通じ、
その技術を解説します。

野菜の煮物

形よくむき、色を生かして
じっくり煮含める

……小芋白煮

六角形にむいた形を崩さぬよう
白い色を生かして煮る

材料
石川小芋
だし
淡口醤油
塩
カツオ節

①小芋の両端を切り落とし、側面を皮ごと六方にむく。
＊小芋を60度ずつ回して、厚めにむき取り、断面を正六角形にする。
②むき終わった小芋。水にさらす。
③鍋に入れ、米のとぎ汁を注ぎ入れる。
④小芋が踊って煮くずれないように気をつけながら、弱火で煮る。
⑤串が通るくらいまで柔らかくなったら引き上げる。
⑥水にさらす。
⑦だしに淡口醤油、塩を加え、差しガツオをする。この中で煮含める。

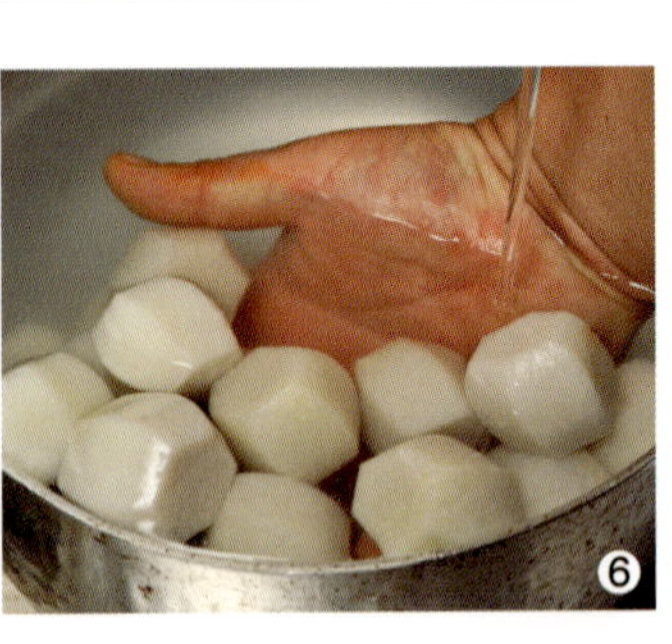

……一寸豆蜜煮

塩をふって蜜で加熱
冷やす間に透明感ある緑色に

材料
ソラマメ
水
砂糖

①ソラマメに霧吹きで水を吹きかけて湿らせ、塩をふる。
＊この後、蜜で煮るので塩はやや多めに。
②10分間おいて、塩をなじませる。
③薄蜜を火にかけ、沸いたら火を弱めてソラマメを入れる。
④煮ている途中でソラマメを裏返して均等に火が入るようにする。
＊火が充分に入っていないときれいな緑色にならないが、煮すぎないよう気をつける。
⑤氷水に鍋ごと浸けて急冷する。そのまま薄蜜に浸けておくと、次第に透明感のある緑色になる。

魚の煮物

煮崩れないよう気をつけながら
煮汁が染み出さない仕上がりに

……天子山椒煮

素焼にして形を作り
汁気がなくなるまで煮つめる

材料
アマゴ
番茶
砂糖
濃口醤油
たまり醤油
実ザンショウの有馬煮

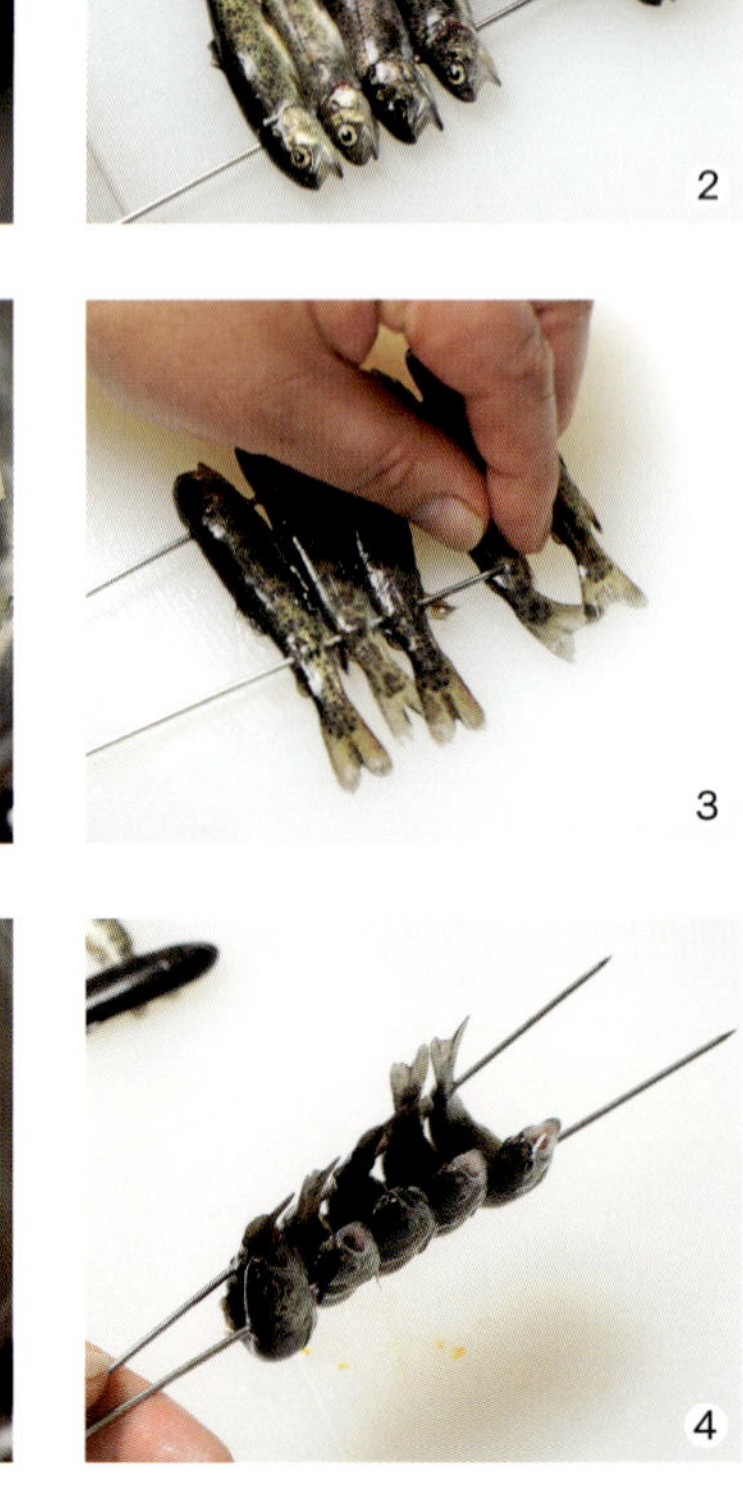

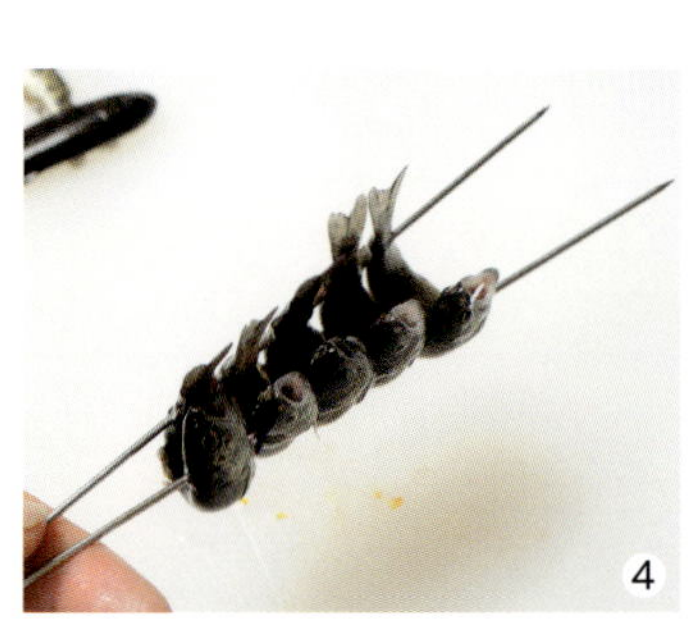

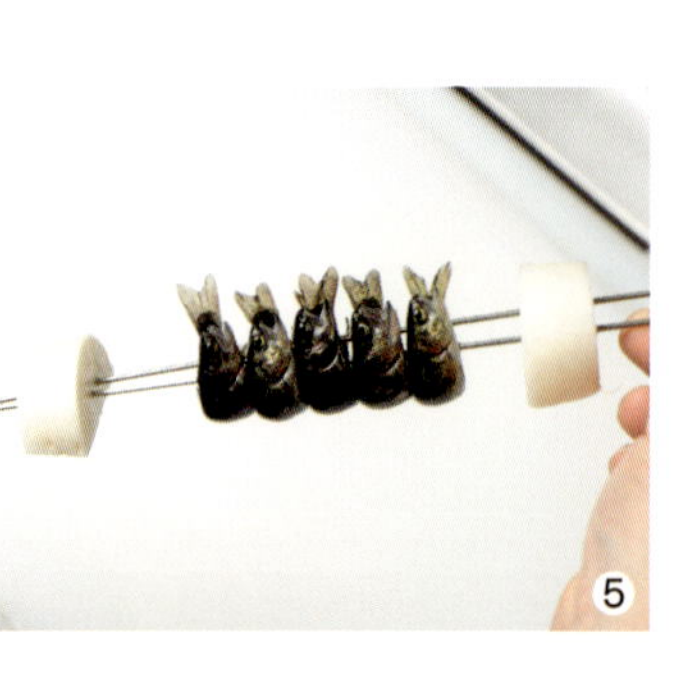

①活けのアマゴを氷水に入れて締める。
②頭の骨を突き通すようにして串を打つ。
③左右を裏返して、アブラビレの付け根から背骨の上を通すように串を打つ。
④串と串の間を狭めて、アマゴの形をUの字に曲げる。
⑤串の両端にダイコンの切れ端を差し、アマゴの形を固定する。

⑥やや弱火で、皮が破れたりヒレが焦げたりしないよう気をつけながら15分間焼く。
＊串に身が張り付かないように、時々串をよじる「串回し」の作業をする。
⑦細く切ったへぎ板を鍋に敷き、串から抜いたアマゴを重ならないように並べる。
⑧落とし蓋をして、浮かない程度の量の番茶を張る。

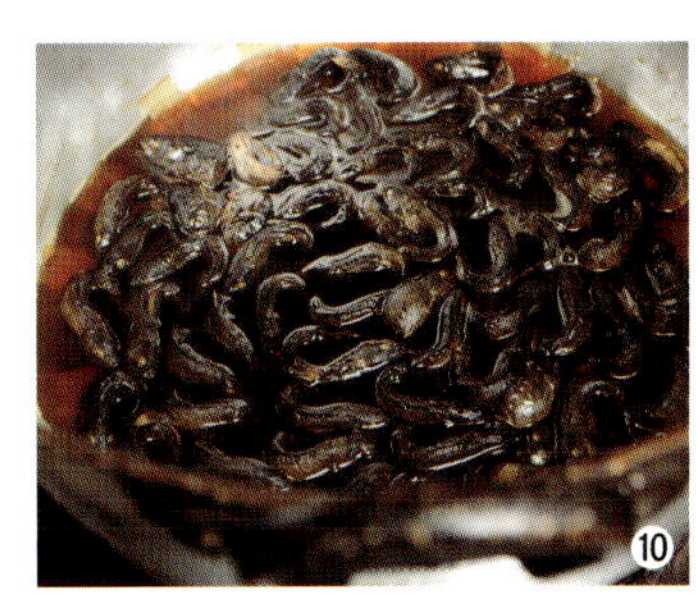

⑨火にかけて沸いてから45分後に砂糖を加える。
⑩水を足しながら炊いていき、途中で濃口醤油、たまり醤油を加える。落とし蓋をはずす。
⑪⑫煮つまってきたら、煮汁をすくってはかけながらさらに炊いていく。煮汁が少なくなったら鍋を傾けて煮汁をすくう。
⑬実ザンショウの有馬煮を刃叩きして加え、さらに炊き、火を止める。冷める間もスプーンですくって煮汁をかけ、艶を出す。

蛸柔らか煮

煮崩れて皮がむけないように
蒸し煮込みにする

材料
タコ
ダイコン
ショウガ
酒
だし
濃口醤油
ミリン
砂糖
だし昆布

①②タコの足にダイコンおろしをまぶし、指で挟んでしごくようにしてよく洗う。吸盤の付け根もよく洗う。
③ダイコンおろしを洗い流す。
④足を切り分ける。
⑤ダイコンを使って足を叩く。こうすると足の繊維がつぶれて味が染み込みやすくなる。
＊ただし強く叩きすぎると皮が破れるので気をつける。
⑥湯に通して霜降りする。
⑦氷水に落とす。
⑧吸盤の内側の汚れをよく洗い落とす。

⑨酒、だし、濃口醤油、ミリン、砂糖、だし昆布を火にかけ、沸かして角をとる。
⑩深めのバットにタコ、銀杏切りにしたダイコン、ショウガを入れる。ペーパータオルで包んだカツオ節を入れて追いガツオする。
⑪沸かした地を張る。
⑫ラップ紙をかけて密閉し、90℃で2時間スチコンで加熱する。
⑬煮上がったタコ。このまま汁に浸けて保存する。

魚の焼物

ぱさつきにくい魚種を選び
浸け地やタレで変化をつける

……鰆幽庵焼

冷めてもおいしい
魚の焼き物の定番中の定番

材料
サワラ…3kg
塩
酒
ミリン
濃口醤油
柑橘

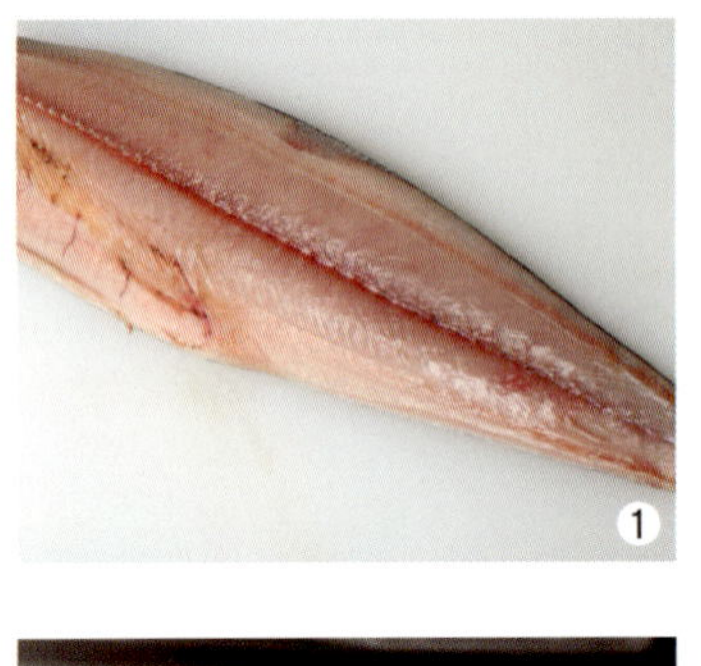
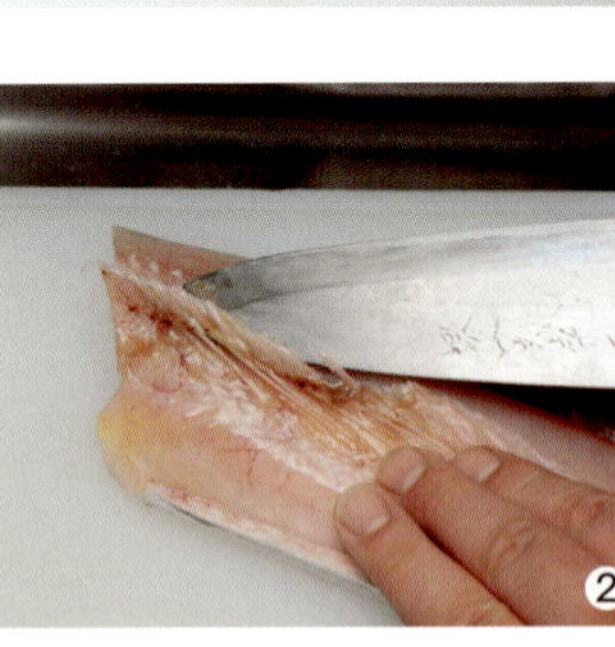
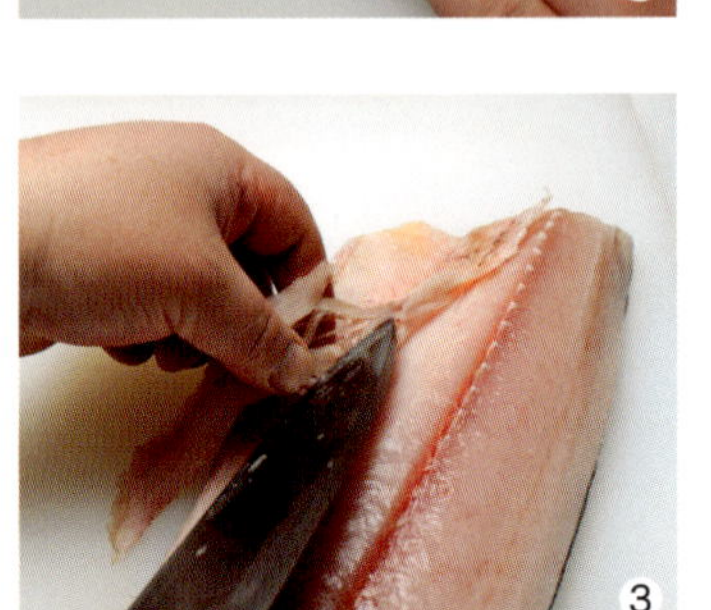
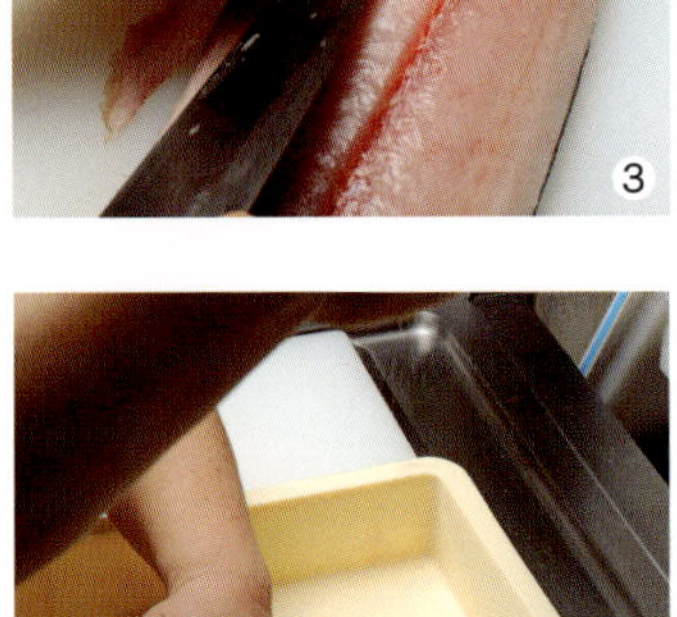
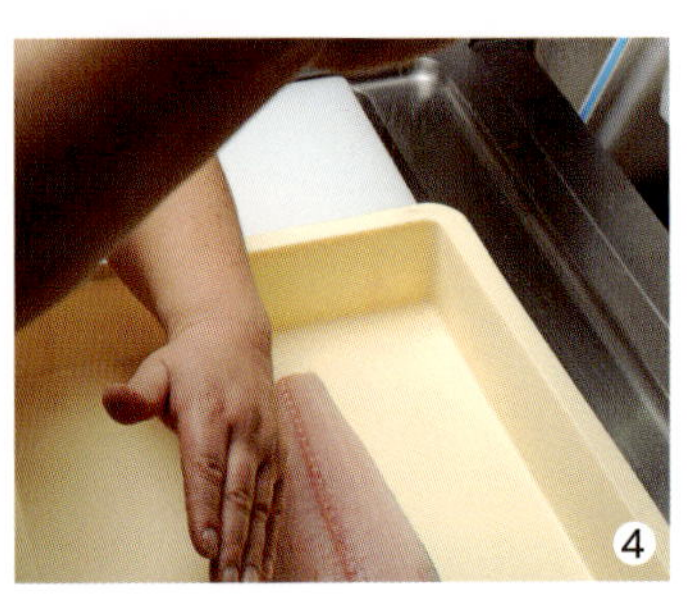
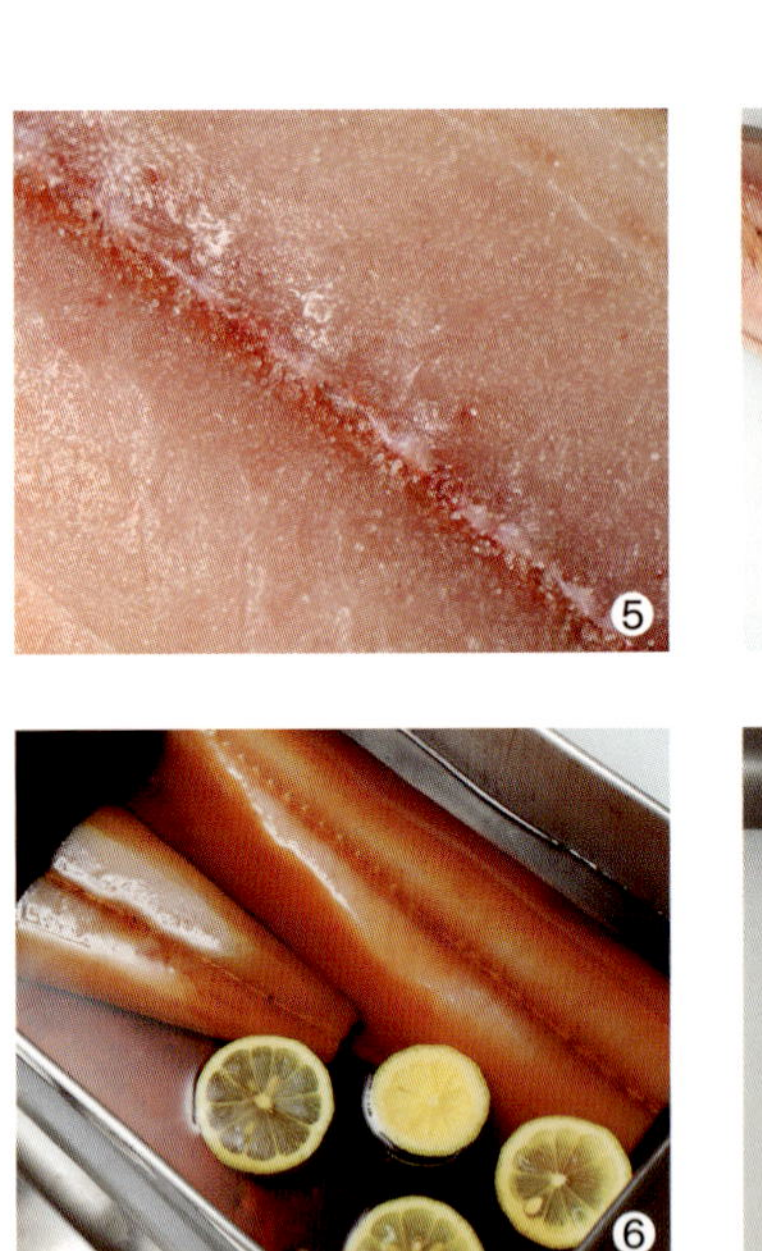
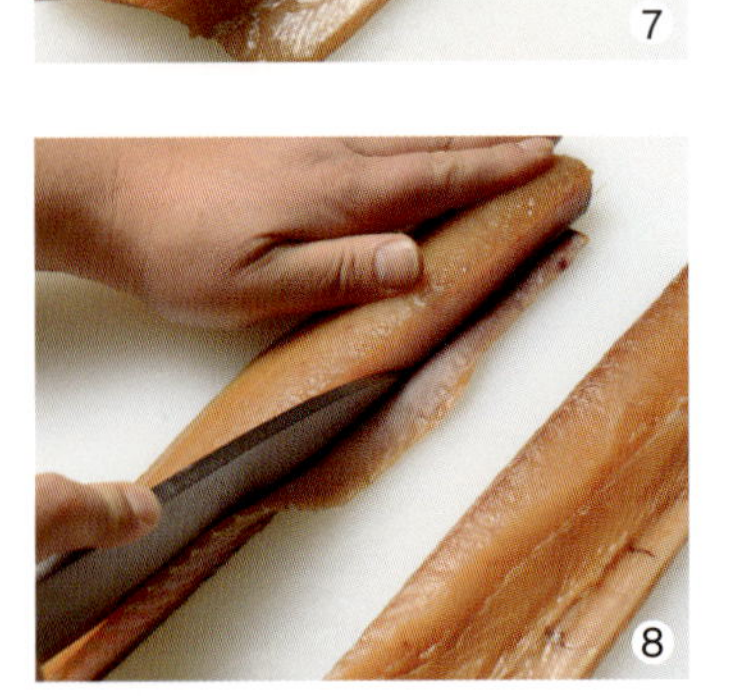

①サワラを三枚におろす。
②腹骨の付け根に逆さ包丁で切れ目を入れる。
③めくるようにして腹骨を切りはずす。
④サワラに塩をふる。まず尾と腹側を手で覆って塩がかからないようにし、そのあとは全体にかかるようにふる。
＊塩をふる際には、30㎝以上の高さから行ない、いったん左手に当てるようにするとよい。粒が左手にぶつかって広く散らばるとともに、左手で素材を覆うことで塩が当たる場所をコントロールできる。
⑤塩をふって60分間おき、なじませる。
＊塩の量は店で提供する幽庵焼よりは少し多めにする。
⑥酒2、ミリン1、濃口醤油0・8に柑橘の皮を入れた幽庵地に一日浸ける。
⑦幽庵地から引き上げ、背身と腹身に切り分ける。
⑧背身と腹身の境にある、小骨が入った血合い部分を切りはずす。

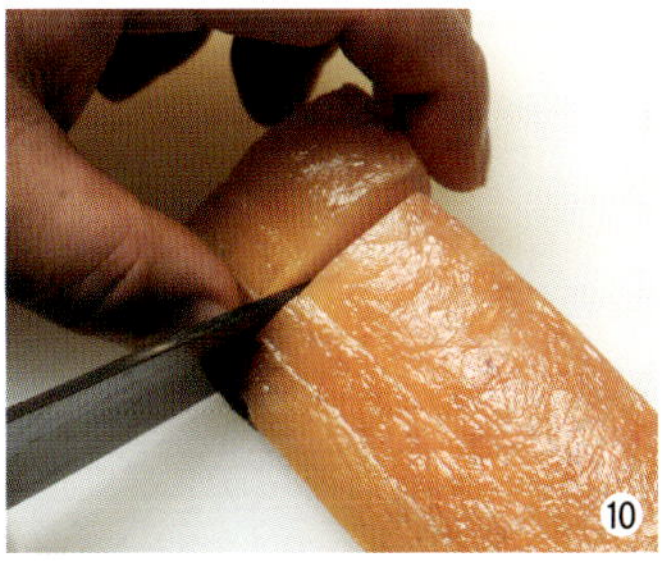

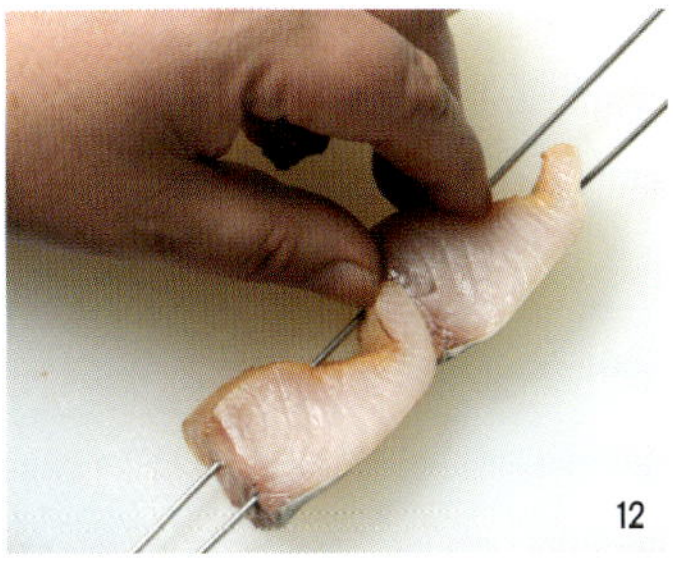

⑨腹側の身はやや包丁をてらして（傾けて）斜めに切り、断面積を大きくとる。
⑩背側の身は包丁をまっすぐおろして、切り分ける。
⑪背側の身の皮目に縦に3本ほど包丁目を入れておく。

⑫二切れずつ並べて平串を打つ。
⑬⑭焦がさないように気をつけながら焼き台で焼く。
＊店内で提供する幽庵焼の場合は焼き上がりにミリンを塗って照りをつけるが、流れ落ちる可能性があるので弁当用には塗らない。

穴子八幡巻き

巻くことで野菜と魚を一体化
サイズが揃うので
盛り付けに便利

材料
アナゴ
ゴボウ
魚ダレ

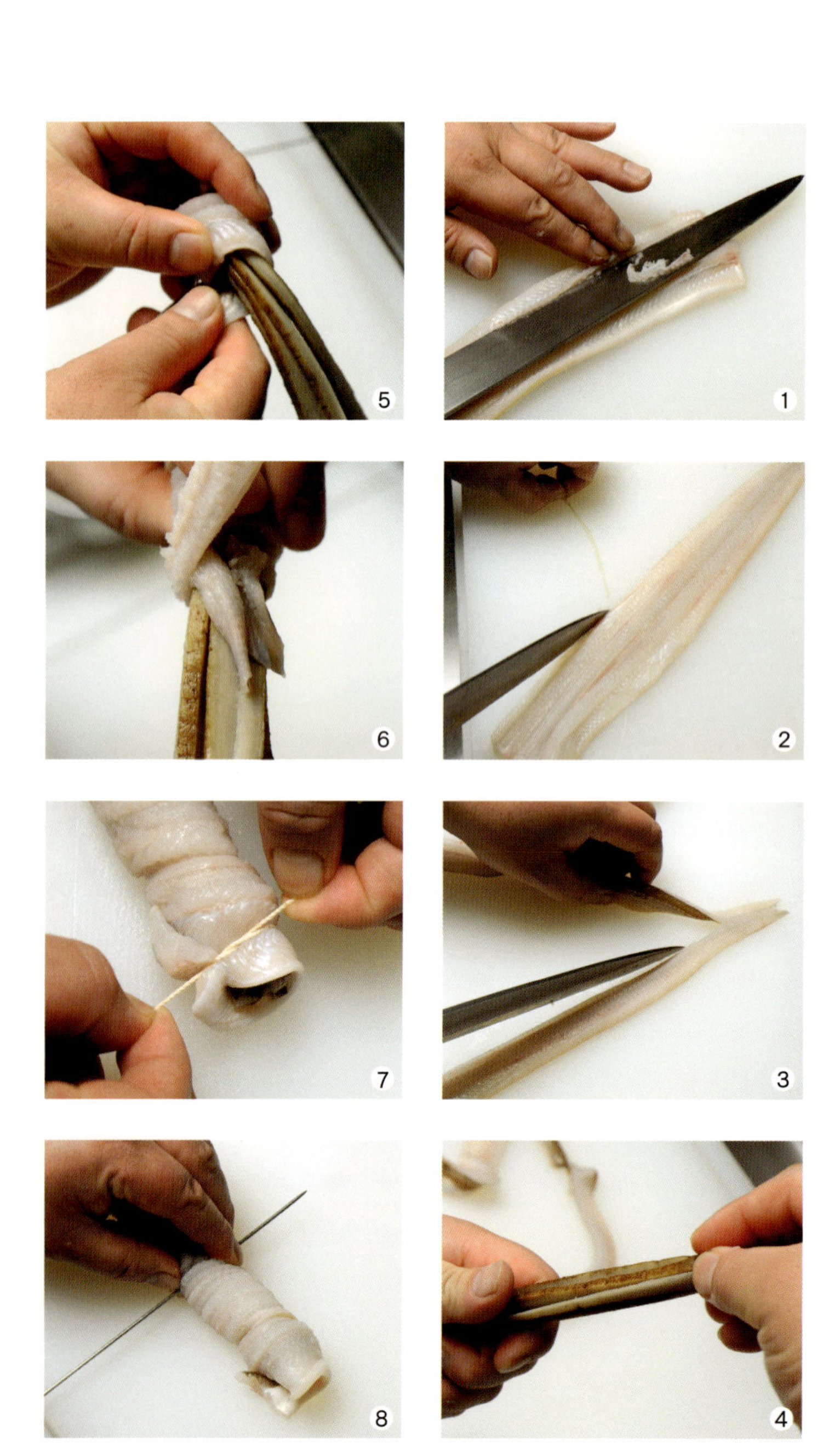

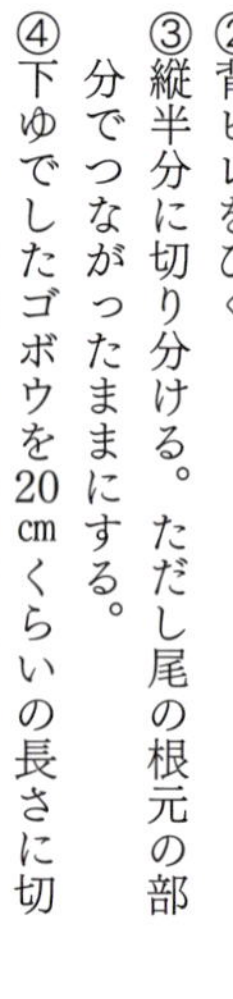

①アナゴを一枚におろして頭を取る。腹骨の固い部分を切り取る。
②背ビレをひく。
③縦半分に切り分ける。ただし尾の根元の部分でつながったままにする。
④下ゆでしたゴボウを20㎝くらいの長さに切ったのち、縦に切り分け、束ねる。

⑤アナゴの身をゴボウに巻きつける。
⑥尾のつながった部分は内側にくるように隠して、上から巻きつける。
⑦巻き終えたら、両端をタコ糸で縛る。
⑧金串を打つ。まず中央の1本を突き通す。

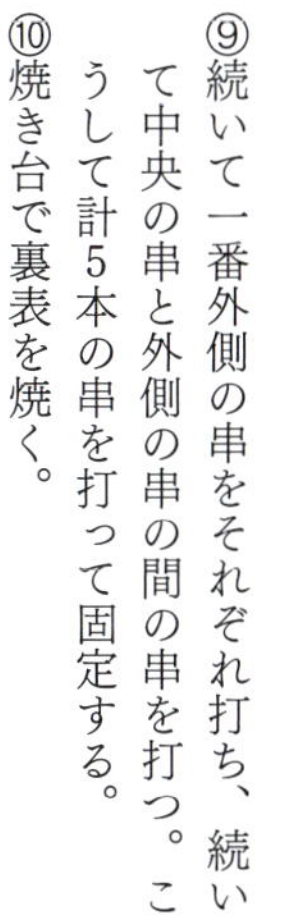

⑨続いて一番外側の串をそれぞれ打ち、続いて中央の串と外側の串の間の串を打つ。こうして計5本の串を打って固定する。
⑩焼き台で裏表を焼く。
⑪裏表に焼き目がついたら、いったん火からおろして串を抜く。
⑫アナゴを90度転がして焼き目がまだついていない部分を上にして、串を打ち直す。
⑬再び裏表を焼き台で焼く。こうして4方向から焼くことで、全体に焼き目がつく。
⑭魚ダレ（⇩6ページ）をかけてかけ焼きにする。
⑮串の先に焦げ付いたタレがつかないようにふきとってから串を抜く。

＊八幡巻はウナギでも作るが、ウナギはアナゴよりも皮が固く、焼くと縮む力で形がよじれてしまう。そのため、串打ちした段階で冷蔵庫に入れ、一日おいてから焼くとよい。

肉料理

食べ応えのある
メインディッシュとして
弁当にバラエティをつける

……鶏けんちん

玉子けんちん生地を鶏肉で巻く
弁当に最適なオリジナル料理

材料
鶏もも肉……1枚
酒
ミリン
濃口醤油
たまり醤油
砂糖
幽庵地
酒
濃口醤油
ミリン

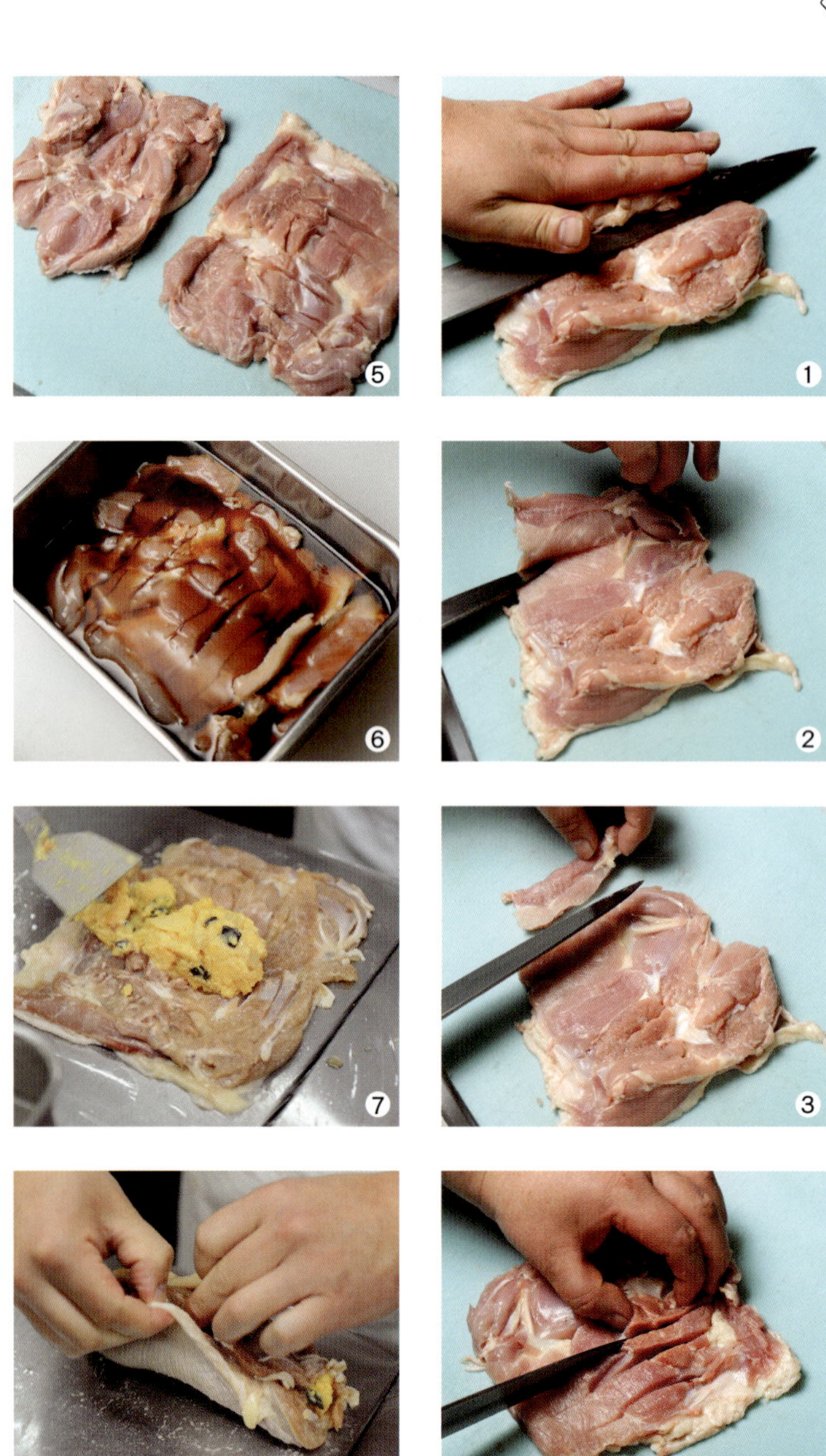

①②鶏のもも肉の厚い部分を切り開き、厚みを揃える。
③はみだした部分を切り落とし、四角く整形する。
④筋の向きに対して直角に何本も切り目を入れる。
⑤整形前のもも肉（左）と整形後のもも肉（右）。
⑥酒、濃口醤油、ミリンを同割で合わせた幽庵地に3時間浸ける。身側に片栗粉を打つ。
⑦ラップ紙を広げ、皮側を下にしてもも肉をのせる。玉子けんちんの生地をのせる。玉子けんちんの生地は湯煎で煎った玉子に、砂糖、淡口醤油、ミリンで下味をつけたニンジンとタケノコ、キクラゲの細切りを混ぜ合わせて作る。
⑧もも肉で玉子けんちんの生地を包む。

玉子けんちん生地…110g
ニンジン
キクラゲ
タケノコ
卵
砂糖
淡口醤油
ミリン

⑨転がすようにしてラップ紙を巻きつけ、棒状にまとめる。
⑩巻き簾で巻き、輪ゴムで止める。98℃のスチコンで60分間加熱する。
⑪ラップ紙をはずし、竹の皮で縛る。
⑫もも肉の綴じ目を下にして酒1、ミリン1、濃口醤油0・5、たまり醤油0・5、砂糖1・5を合わせた煮汁の中に入れ、加熱する。
⑬転がして裏返しもも肉の綴じ目が上にくるようにして、さらに加熱する。
⑭再び綴じ目が下にくるように裏返す。煮汁が煮つまってくるので、鍋底にもも肉が張り付かないように小刻みにゆらしながら照りをつける。
⑮半割りにした青竹にラップ紙を敷き、煮くずれないように気をつけながら鶏けんちんをのせる。

合鴨ロース

アイガモの胸肉を
蒸し煮込みにし
ローストビーフのような色に

材料
アイガモの胸肉…1枚
塩
酒
濃口醤油
ミリン ┘…計1合

①アイガモの胸肉から筋を引く。
②手羽をはずし、はみ出た脂肪を切り落として整形する。
③整形したアイガモ胸肉。皮側と身側をたばねた串で突いて味が染み込みやすくする。
④薄く塩をふり、1時間おく。にじみ出てきた水分を拭き取る。
⑤皮目を下にしてフライパンに入れて焼き目をつける。
⑥湯にくぐらせて油抜きし、水気をふきとって酒0・8、濃口醤油1、ミリン1・5を合わせた地に浸ける。
⑦80℃で35分間加熱する。
⑧煮汁を氷水にあて、脂が固まったらすくいとる。煮汁にアイガモ胸肉を浸け直す。

揚げ物

定番のてんぷらのほかに
揚げ煮などの応用技も

……帆立黄身揚げ

冷めてもおいしい
揚げ物の代表
色が飛ばないようやや低温で

材料
ホタテ貝柱
塩
酒
片栗粉
卵黄

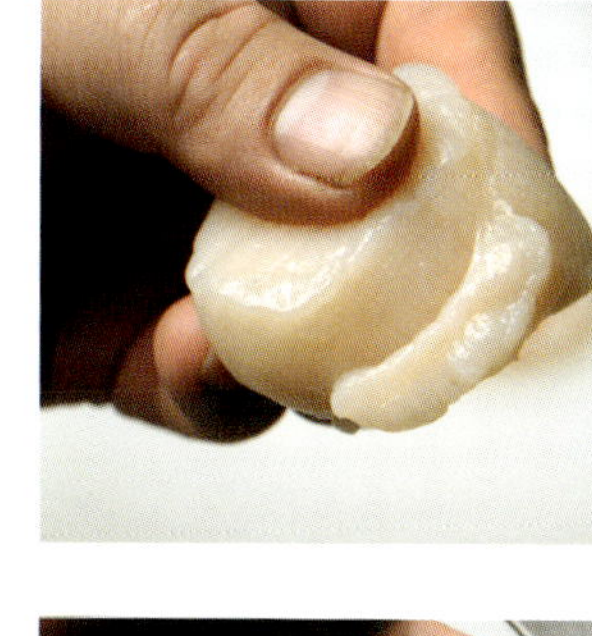

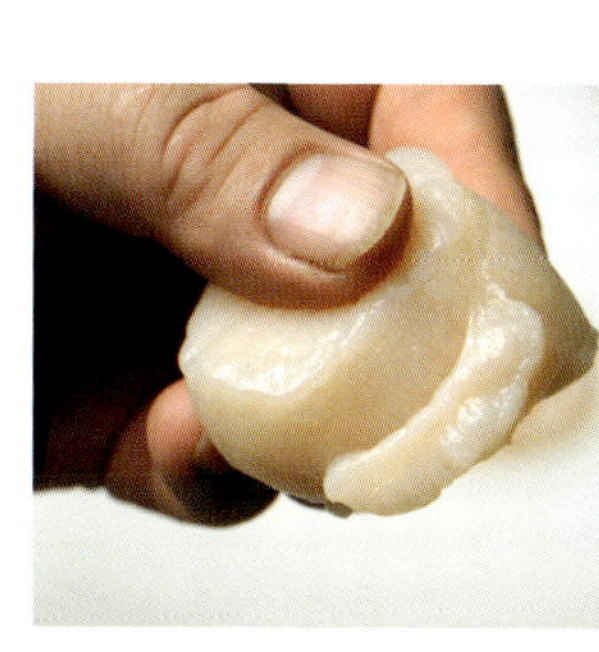

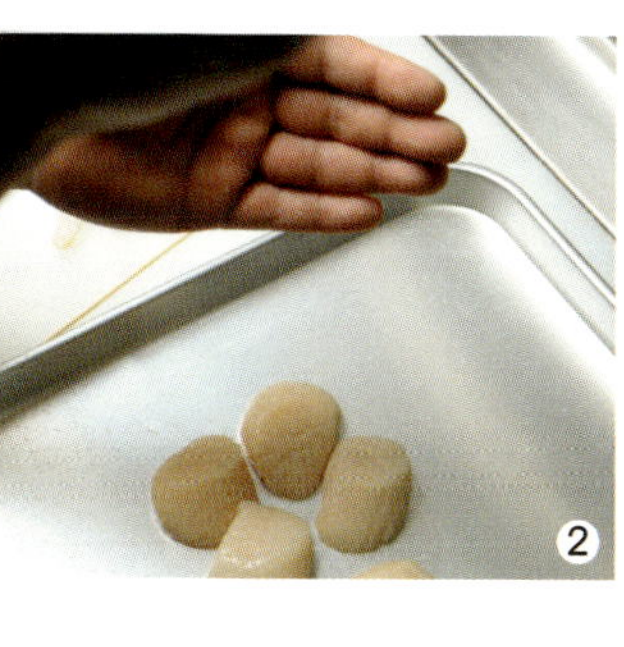

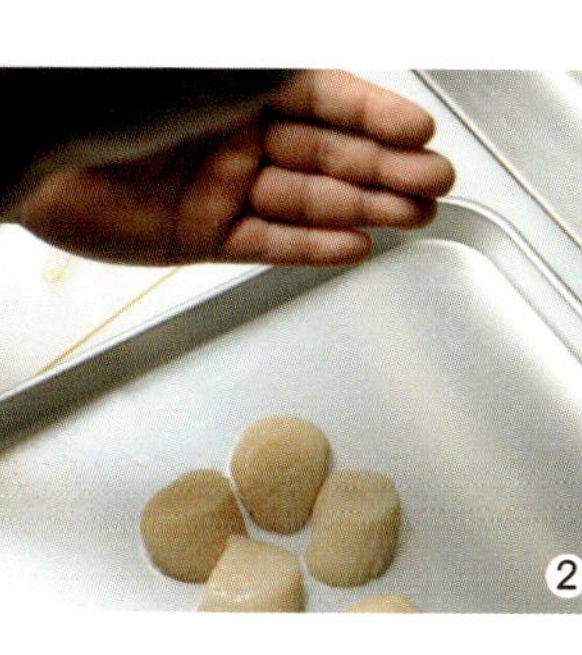

①ホタテ貝柱の側面についている三日形の小さい貝柱を取り除く。
＊この小さい貝柱は真丈の生地などに利用する。
②ごく薄く塩をふる。
③湯にさっとくぐらせて霜降りする。酒をふって蒸し、水気を取る。
④刷毛で片栗粉を打つ。
⑤ときほぐした卵黄をくぐらせる。
⑥白絞油で揚げる。高温で揚げると黄色が飛ぶので、衣を落として少し経ってから浮き上がるくらいの低めの温度で揚げる。
⑦引き上げてよく油をきる。
＊なお、貝柱をてんぷらにする場合は、冷めると縮むので衣が気持ち厚めになるよう、小麦粉を濃くといた衣をつけるとよい。

……オランダ真丈

具の入った真丈生地を
下揚げして煮るオランダ煮に

材料
すり身…3kg
昆布だし…3合
卵…3個
塩
ミリン
淡口醤油
グリーンピース…500g
ゆでたキクラゲ…200g
だし
酒
濃口醤油
砂糖

①すり身をフードプロセッサーに入れて回す。
②昆布だし、全卵、塩、ミリン、淡口醤油を加えてフードプロセッサーにかける。
*すり身は粘りがあって刃が回りにくいので、ときどき止めて、機械を傾けてやるとよい。
③ボウルに移し、グリーンピースを加える。
④キクラゲをもどして細くきざみ、ゆでておく。すり身に混ぜ合わせる。
⑤流し缶に流す。
⑥粘りがあるので、へらできざむようにしてほぐしてから次第に平らにしていく。
⑦流し缶を10cmほどの高さから何度か落として、空気を抜く。
⑧再び平らにならす。ただし火が通ると中央が膨らむので、その分を計算に入れて気持ち中央をへこませる。

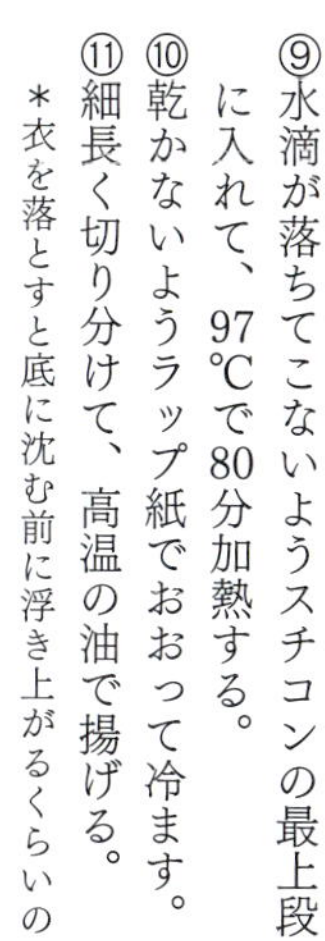

⑨水滴が落ちてこないようスチコンの最上段に入れて、97℃で80分加熱する。

⑩乾かないようラップ紙でおおって冷ます。

⑪細長く切り分けて、高温の油で揚げる。

＊衣を落とすと底に沈む前に浮き上がるくらいの温度。低温の油で揚げると生地がふくらみ、冷めるとしぼんでしまう。

⑫揚げ色がついたら引き上げる。

＊必ず1本ずつ揚げること。一度に複数揚げ鍋に入れるとくっついてしまう。

⑬湯に落として油抜きする。

⑭だし、酒、淡口醤油、濃口醤油、ミリン、砂糖で炊く。煮汁に浸けたまま冷ます。

酢の物

殺菌力に優れるが
味が隣に移らないように
気をつける

鯖生ずし

塩と酢の力で加熱せずに殺菌
棒寿司にも応用できる
基本アイテム

材料
サバ
グラニュー糖
塩
酢

①サバの内臓を除き、ウロコを引き、頭を切り落とす。
②三枚におろす。
③④逆さ包丁で腹骨の付け根に切れ目を入れる。まだこの段階では腹骨をはずさない。
⑤⑥腹側、背側の順にグラニュー糖をふる。
＊味がまろやかになり、塩の浸透もよくなる。

⑦水分がにじみ出てくるので、バットを傾けて30分間おく。
⑧にじみ出てきた汁を洗い流し、強塩を当てる。90分間おく。
＊塩の浸透具合は指で押してみて確認する。塩が入ると水分が抜けて締まってくる。

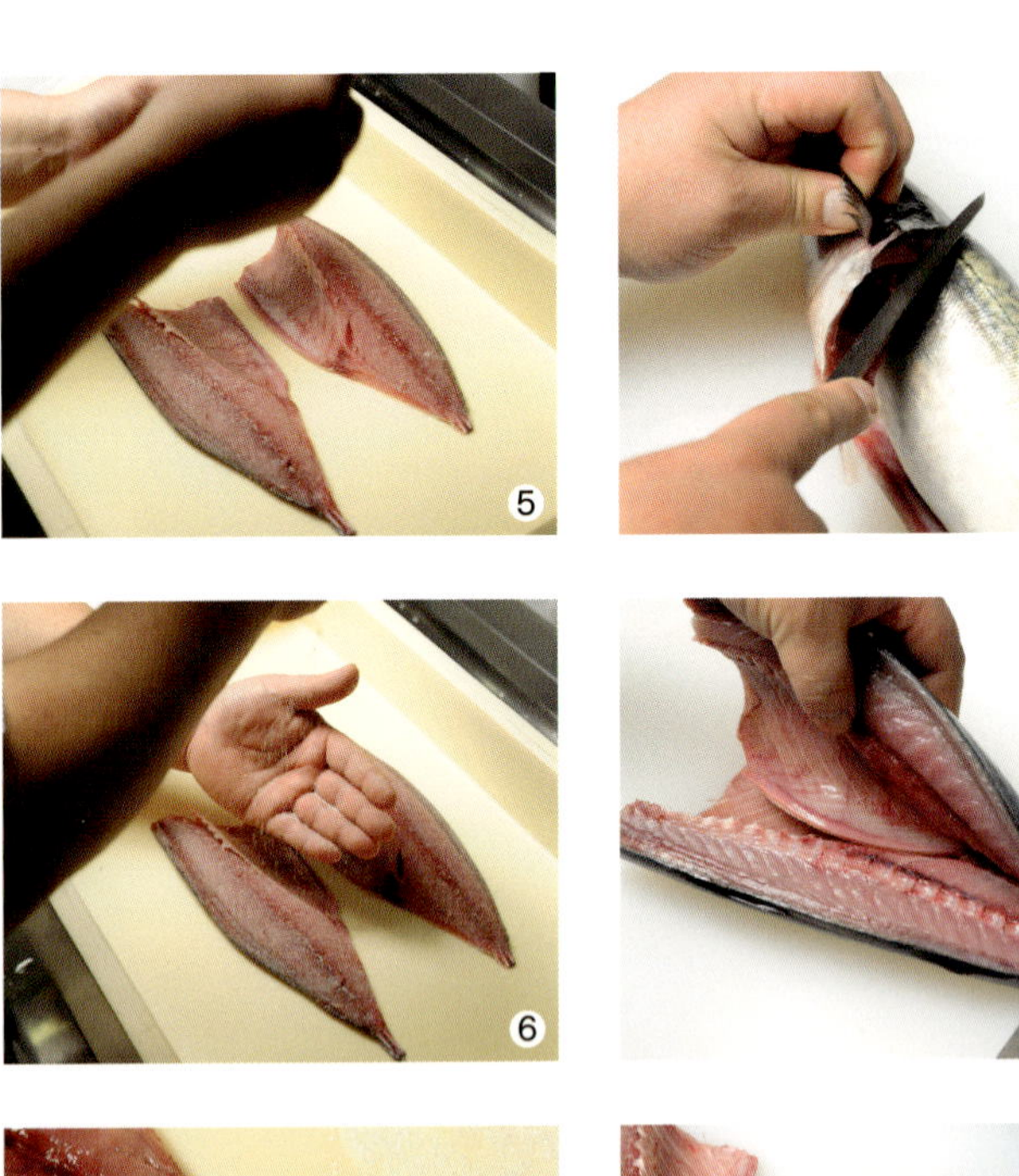

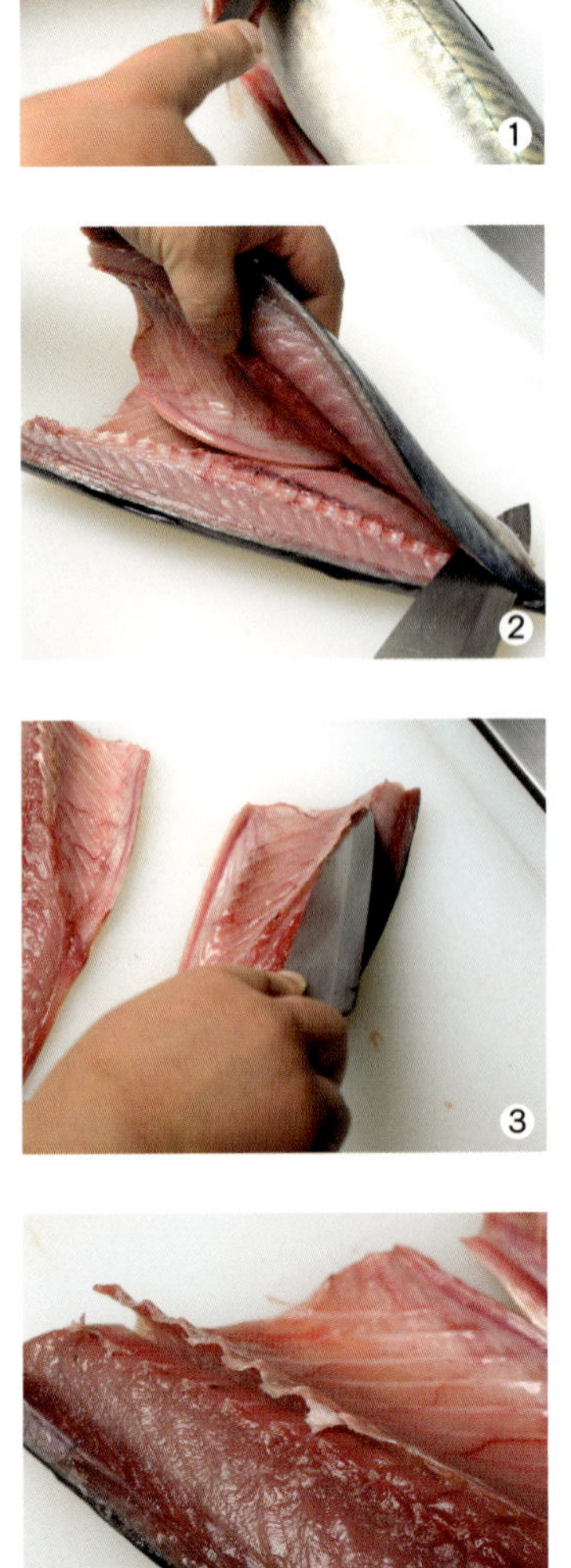

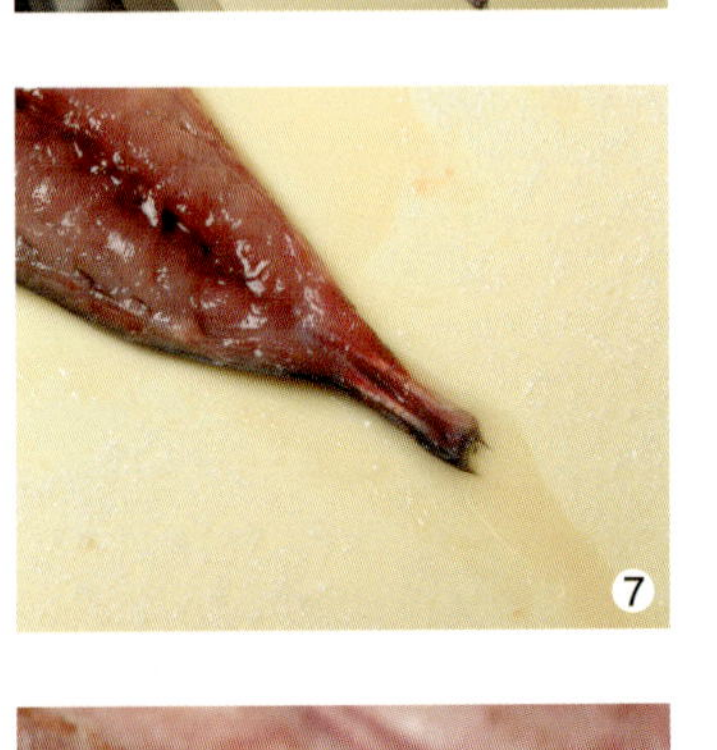

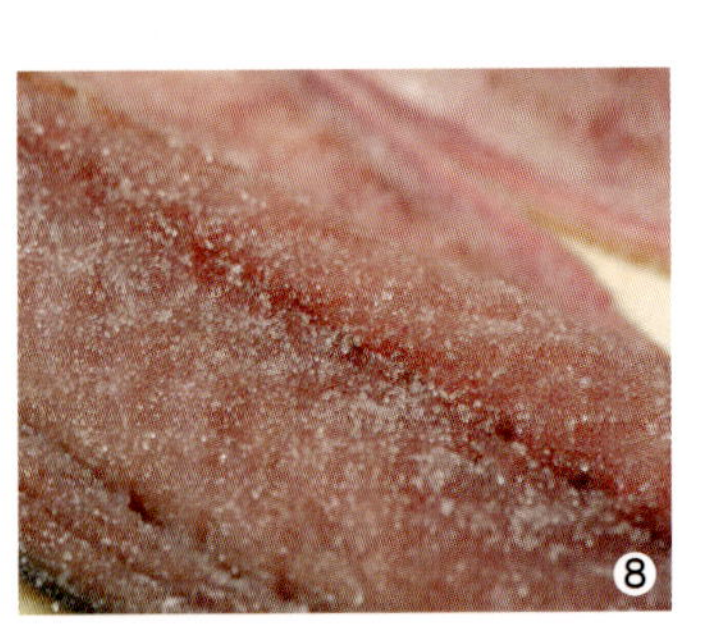

⑨流水で洗って、塩を落とす。水気を拭き取る。
⑩骨抜きで小骨を抜き取る。
⑪⑫酢に浸けて60～90分間おく。腹骨を切りはずす。

……龍皮巻き

酢で締めた白身魚を
昆布を酢に浸けた
龍皮昆布で巻く

材料
ヒラメ…2kg
塩
酢
龍皮昆布…21cm
ショウガの甘酢漬
キュウリ

①ヒラメを五枚におろして皮を引く。
＊ある程度の厚みが必要なので大きめのヒラメを用意する。
②塩をふり、45〜60分間おく。
③へぎ切りにする。
④酢に浸して30分間おく。
⑤引き上げて、長さがひとめでわかるようにバットに並べておく。
⑥巻き簾を広げ、龍皮昆布をのせる。
⑦龍皮昆布の半分をヒラメで敷き詰める。まず両端にヒラメをおく。
⑧続いて囲むようにしてヒラメを並べる。

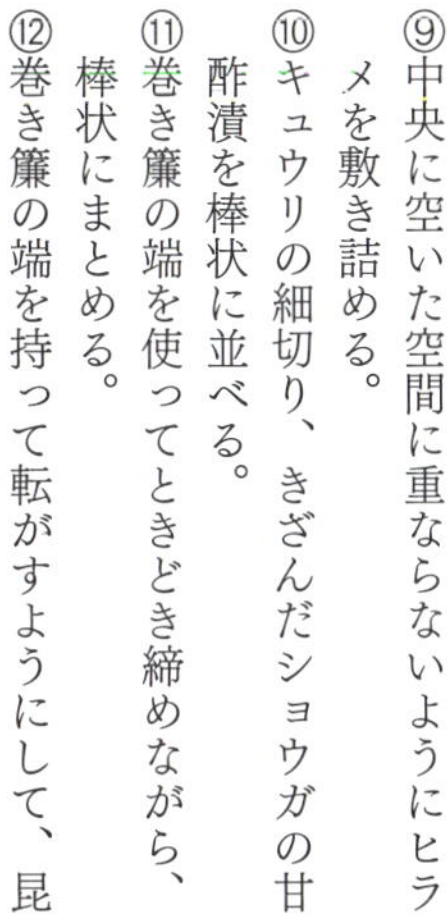

⑨中央に空いた空間に重ならないようにヒラメを敷き詰める。

⑩キュウリの細切り、きざんだショウガの甘酢漬を棒状に並べる。

⑪巻き簾の端を使ってときどき締めながら、棒状にまとめる。

⑫巻き簾の端を持って転がすようにして、昆布を巻きつける。

⑬棒状にまとまったら、いったん巻き簾を元に戻す。

⑭改めて巻き簾を巻きつける。

⑮巻き簾がはずれないよう輪ゴムをかけて止める。この状態で一日おいてなじませてから切り分ける。

和え物

なめらかでしっとりした触感を
釜や猪口に入れて提供

……白和え

ゆでて水分を抜いた豆腐を使い
さらに再加熱して和え衣に

材料
木綿豆腐
砂糖
塩
あたりゴマ
淡口醬油
ミリン
だし

①木綿豆腐を湯に入れて、芯まで火を入れる。
＊沸き立たせると崩れるので、豆腐がゆらゆらと大きくゆれるくらいの火加減にする。
②軽く上に上がってきたら、木べらを使って引き上げ、バットに移す。
③豆腐の上に穴空きバットをのせて、重しをかけてしばらくおき、水を切る。
④フードプロセッサーにかける。
⑤砂糖、塩、あたりゴマ、淡口醬油、ミリン、だしを加えてすり混ぜる。
⑥いったん鍋に移して強火で加熱する。
＊水分がとんで、具とのなじみがよくなる。
⑦もろもろとした状態になるので、熱いうちにフードプロセッサーに移し、再び回してなめらかにする。
⑧ラップ紙を敷いたバットに流して粗熱を取る。冷めたらもう一度フードプロセッサーにかけてなめらかにする。

①

②

③

④

⑤

⑥

⑦

⑧

木の芽味噌

ホウレン草色素の青寄せで美しい緑色に

材料
ホウレン草
木ノ芽
玉味噌

①ホウレン草の葉と水をフードプロセッサーに入れて回す。
②水を3回に分けて加えては回す作業を繰り返し、緑の汁を作る。
③布ごしして鍋に入れ、火にかける。火が通ってもろもろと浮き上がってきたら、網杓子ですくい上げる。
④布を敷いたバットに広げて冷ます。
＊できあがった青寄せは冷凍して保存しておくことができる。
⑤木ノ芽をすり鉢ですりつぶす。
＊造りや椀の天盛りには使えない、形の揃わないものを使うとよい。
⑥玉味噌（⇩6ページ）を加え、さらにすり混ぜる。
⑦⑧青寄せを少量ずつ加え、色を見ながらすり混ぜていく。

玉子料理

彩りがよく甘く作ることもできる
なくてはならない便利な一品

……出巻き

ごく薄く流して何度も巻くことで
火を通しつつしっとり仕上げる

材料
卵
だし
ミリン
酒
塩
淡口醤油
ショウガの搾り汁

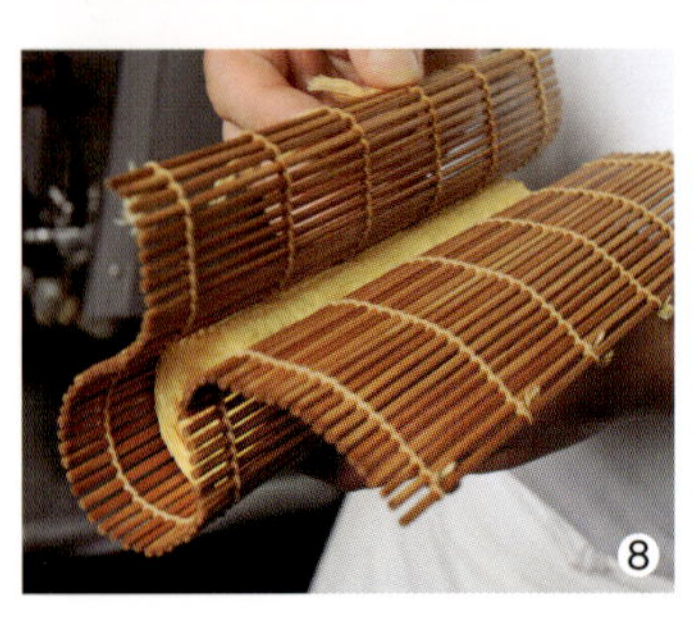

①卵、だし、ミリン、酒、塩、淡口醤油、ショウガの搾り汁を合わせて卵液を作る。
②巻き鍋に布にしみこませた油をひく。
③卵液を薄く流す。
④ぷくぷくとふくらんだ泡を箸の先でつぶしながら焼く。
⑤手前に向けて転がして巻きととのえる。
⑥巻いた出巻きを手前に寄せて再び油をひく。奥に押しやり、手前にも油をひく。
⑦空いたスペースに再び卵液を流し、手前に転がして巻く。焼いては巻く作業を繰り返す。
＊店内で提供する出巻きを作る際よりも薄く卵液を流し、手早く巻くようにする。こうして何層も巻くことで、汁が染み出さないが柔らかい出巻きとなる。
⑧焼き上がったら巻き簾にとって形を整える。

……かすてら

すり身と卵を合わせた甘い生地を
菓子のカステラのように焼く

材料
すり身…500g
卵黄…12個
卵…4個
砂糖…70g
ミリン…5勺
酒…3勺
ブランデー…3勺

①すり身、卵黄、全卵をフードプロセッサーにかける。
②砂糖、ミリン、酒、ブランデーを加え、再びフードプロセッサーにかける。
③なめらかになったら、内側にクッキングシートを張った流し缶に流す。
④表面を平らにならす。
⑤10㎝ほどの高さから何度か落として、空気を抜く。
⑥⑦水を張った天板に流し缶を置いて、140℃のオーブンで40分間湯煎焼きにする。

ご飯物

弁当にとって欠かせない存在
変りご飯で季節感を演出

……桜海老ご飯

香ばしく煎った桜海老を合わせ
型で形よく抜いてまとめる

材料
サクラエビ
ニンジン
ゆでタケノコ
薄揚げ
醤油ベースの炊き地

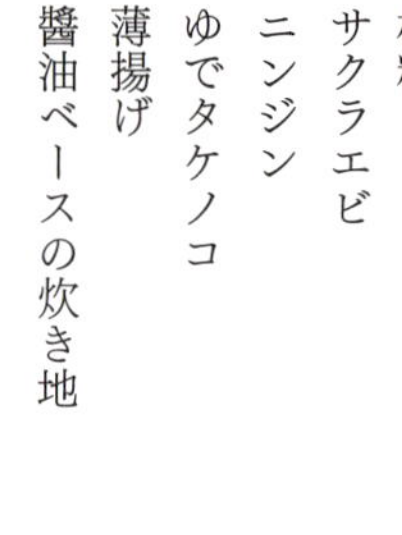

①サクラエビを天板に広げ、100℃のオーブンに入れる。
②15分おきにかき混ぜながら、1時間かけて香ばしく煎る。
③土鍋に米を研いで、ニンジン、ゆでタケノコ、薄揚げの細切りを加える。醤油味ベースの炊き地（⇩6ページ）で水加減して炊く。
④炊き上がったらサクラエビを混ぜ合わせる。
⑤バットに広げて冷ます。
⑥物相型をぬらしておく。
⑦桜海老ご飯を少しずつ詰める。
⑧蓋をして軽く押し、型を抜き取る。

終章

弁当作りの心づかい

弁当とは料理を店外で
提供することであり、
店内のサービスとは別の気づかいが
必要です。その難しさとやりがいを
結野安雄料理長に
インタビューしました。

店の仕出しと折詰について

私ども「和光菴」のある生玉寺町や隣の下寺町は、文字通り寺の町です。大阪を南北に走る谷町筋と松屋町筋に挟まれた1㎞ほどの一画には、お寺が七、八十くらい集まっているでしょうか。それで、私どもはお寺でのご法事を中心に、仕出しのお弁当や折詰を多くご注文いただいております。

30年以上前に創業した場所はここよりも少し北の谷町九丁目だったのですが、当時から仕出しのご注文がたいへん多かったので、今の場所に移転した際には3階建てに拡張し、仕出しの仕事に対応しやすい造りにいたしました。1階はすべて厨房で、客席は2階のみ。3階は倉庫となっております。

というのも仕出しは器のほかにお膳もお貸し出しすることがありますし、折詰の空箱なども含めてとても場所をとるものなんです。それに3階にチャンバー式の冷蔵庫を導入したのが、たいへん助かっています。以前は冷蔵庫が足りなくて、造りは最後の最後の段階に盛って、すぐに配達しなければならず、余裕がありませんでしたが、大型の冷蔵庫があれば保冷しておくことができるので、時間的にも衛生的にも安心です。

配達用の車はワゴンタイプも含めて5台あります。平日の配達はスタッフで手分けしてこなしており、忙しい土日には3名の配達専門の方に来てもらっています。それでも足りないときには社長みずから配達にうかがうこともありますよ。

スタッフの数は、支店もありますので調理師が21名。サービス担当は3名です。そのほかにパートの方たちが20名おりまして、配膳専門のスタッフもおります。お寺への仕出し弁当の場合、お料理をお届けして終わり…ではなく、広間での給仕とお片づけもしなければならないこともありますので。

お料理の配達は店に近い中央区、天王寺区、東成区、安倍野区、生野区の5区では、土日・祝日にはご注文の合計額が1万5000円から応じさせていただいておりまして、その外は東は外環状線まで、南は大和川までを目安に地図で区切り、平日1万5000円から、土日・祝日は2万5000円からとさせていただいています。もっとも大阪の隣の奈良県であってもご相談に応じますし、ご来店でのお引渡しであればお一つからの注文でも承ります。

ご法事の仕出し料理のご要望は、昔とだいぶ変わりました。以前でしたら遠方のご親戚もお呼びして大人数で開かれていたものが、今は内々の者だけであまり堅苦しくしないで、というスタイルが多いものですから、一度に出る数も減ってきています。

料理の内容も精進でなければだめということはもうほとんどないですね。お寺の中で召し上がる食事であってもお造りは入りますし、全般にお肉料理があったほうが喜ばれます。それでも赤いおめでたい素材をできるだけ使わないようにするなどの配慮をいたします。

また仕出しはご家族で召し上がることが多いので、お子さん用の料理も用意しております。この本で言いますと54ページの松花堂や120ページの折詰がそれですね。お子さん用の松花堂弁当は十字に仕切られているわけではないので正確には松花堂ではないのですが、このような呼び方にさせていただいています。それぞれ形の違った小さな器を組み合わせていますが、ぴったりはまってずれないようになっておりまして、その配置を決めるまでに苦労しました。お子さんはいろいろな料理がたくさんあるので喜ばれますね。また揚げ物やハンバーグ、ピラフのようなものが好まれるので、日本料理店のお弁当ですが、そうしたものを入れるように心がけています。

商品は1500円のお子様弁当から、仕出しの8000円の会席くずしまで20種類ほどありますが、土日では5000円から6000円台の松花堂や長手の六つ仕切りが人気があります。行楽シーズンでは折詰のほうが圧倒的に多くて、町内会から100単位のご注文を受けることもあります。折詰も一番上のクラスは大小の杉折に入れた8000円の上杉松花堂になりますが、2000円、2300円、2500円、2800円と、とくに2000円台の種類を多く揃えていまして、運動会の来賓の方向けですとか、相撲茶屋用ですとかいろいろな場面でご利用されています。

注文を受けるにあたって気を遣うこと

料理の内容は素材の時季によって少しずつ変りますが、商品のラインナップであるパンフレット全体は2年に1度くらいのペースで変えています。この春も新しいパンフレットになったばかり。百貨店の催事で好評だったものなど、2300円と4000円の新商品を入れ、2品をお祝い風に変えてみるなどリニューアルいたしました。

新作の商品を作るまで頭を悩ますのは、手間がかかりすぎるものを入れないようにすることですね。1品でも作業が詰まってしまうと、それですべての流れが停滞してしまうので。

作業上大変なのは、一度に作る量もそうですが、ひとつひとつの大きさにも気を遣います。きれいに形をそろえてむくのは、美しさもありますが、狂いなく盛り付けるために必要なことです。そのため自分の身体をものさしにして覚えておくといいんです。身体にしみつくまでに時間がかかりますが、自然と正確に切れるようになります。指を開くと端から端まで何cmになるのか知っておく。私は小指の先端から二番目の筋を目安にしていまして、ここまでが4・5cmなんです。

逆にお客さまに対しては、電話で料理をご説明する際に「何cmの大きさの折箱になります」と申し上げてもぴんときませんので、社長の工夫で目安になるよう、パンフレットの端に定規の目盛りを入れてあります。

お客さまからご注文を受けるやりとりのむずかしさとしては、商品や数、配達の時間にまちがいがないようにすること。またこまごましたものを入れ忘れないように、商品の数を確認するためのチェックシートを作ってありますし、その日はどこに誰が何時から何時まで回って届けるという配達プランも細かく決めます。素材の時季で商品の内容が変りますから、盛り付けをまちがえないように写真を撮っておいて厨房の目立つところに貼っておく。これは普通の献立と一緒ですね。

お弁当は、われわれから遠く離れたところで召し上がっていただくものですから、店内で提供する以上に気を遣います。たとえば、お箸が一膳、醤油がひとつ入っていないだけでも大変なご迷惑をおかけします。

お届けした後も気が抜けません。せっかく茶碗蒸しを持っていったのに、お料理を召し上がる広間とは違う場所におろしてしまって、お食事中に提供し忘れるとか……。

ですから社長は、「折詰を包む風呂敷は角々をしゅっとゆがみなく、掛け紙の掛け方もぴしっと」というのを厳しく指導しています。届いたらすぐにはずしてしまうものですが、隅々まできちっとするという心がけが、そのままお客さまのところに伝わるものなので。

また気を遣うのは食中毒ですね。手洗いですとかマスクの着用ですとか、基本的な守るべきことをきちっときちっとしていかなければなりません。さきほどもトイレに保健所から手洗いのポスターをもらったので、貼ったところです。小さなことの積み重ねですが、小さいミスで大変なことになります。ノロウイルスは空気感染すらあるといいますので、自分たちが菌やウイルスを持ち込まないよう、生レバーや生ガキは口にしないようにしています。寮住まいのスタッフで体調不良になったものが出たら、ウィークリーマンションへ隔離します。

やっぱりいちばん気をもむのが、おせちです。おせちの野菜を炊く場合は傷まないよう市販の液体だしを使い、棒だらと海老芝煮の煮汁でコクをつけるようにしています。それでも二日になると百貨店の営業が始まるので、百貨店向けに販売したもののクレームがくるんじゃないかと思うと気が休まらない…。いっそもう三が日の間も仕事していたいという気さえします。頭が仕事モードでゆっくり休めないんですから（笑）。

弁当という料理ジャンルの難しさ

お弁当は冷めても、時間が経ってもおいしい料理でなければなりません。たとえば揚げ物なら長時間経ってから食べるので、折詰ではフライ的なものを多く使います。てんぷらと違って塩味でなにもつけずに食べられますので。

それと崩れたり、汁がしみ出したりしない料理でなければなりません。焼物なら身割れしない魚を選びますし、炊合せではしっかりと煮含める。そうするとどうしても色の茶色いものが多くなるので、盛り付けの色合いも地味にならないよう気を遣います。

びっしり詰めなければならない折詰と違って、車でこちらが配達する仕出しならある程度融通が利きますが、それでも基本は同じことです。酢の物の若布やお造りの海苔を凝固剤で寄せるのもそのせいでして、崩れて見苦しくならないようにしています。

そうした制約のあるなかでバラエティをつけていかなければなりません。154ページの鶏けんちんは弁当向けに生み出した社長のオリジナルの料理です。転がしながら煮汁を最後まで詰めなければならず、手間がかかりますが、皮目には照りがつき断面は黄色で華やか。そしてなによりおいしいのです。

弁当はお店で提供する料理と違って、しつらいやサービスでカバーすることができません。つまり実質的な料理の味がストレートに評価されてしまうのです。仲居さんがご説明できないし、派手な演出もできません。お客さまはパンフレットをご覧になってどんな料理なのかご承知のうえで注文されているので、驚きもありません。

だからこそ、器を下げに行ったときに、「おいしかったよ、ありがとう」と声をかけていただけるものを作っていかなければならないという思いが強くあります。それに調理スタッフが配達にうかがうわけですから、そういうお客さまの反応に直接触れることもできます。逆におしかりを受けることもありますが、課題をいただいてそれを正して、という繰り返しだと思うんです。

平井和光　ひらいわこう

1946年京都府生まれ。「祇園浜作」など京都、大阪の名店で修業後、75年に「森吉」（大阪・船場）料理長、78年の「藤壺」（同・高津神社）料理長に就く。83年に独立し、「京懐石 和光菴」（同・谷町九丁目）を開く。2005年には生玉寺町に移転拡張、2012年に支店「酒楽和創 結心」（同・西天満）を開店。

結野安雄　ゆいのやすお

1969年生まれ、辻調理師専門学校卒業後、88年「和光菴」に入る。「神戸ベイシェラトンホテル」（兵庫・神戸）での修業期間を挟み、2001年より和光菴料理長を務める。2010年、常務取締役総料理長に就く。2019年、独立し「石ヶ辻 ゆいの」開店。

京懐石 和光菴
大阪府大阪市天王寺区生玉寺町3-32
06-6774-8090

石ヶ辻 ゆいの
大阪府大阪市天王寺区石ヶ辻町16-6 1F
050-5592-7150

料理索引

＊作り方のページを示しています。

あ

か

さ

た

な

は

ま

や

ら

わ

日本料理店のお弁当

仕出しや折詰ならではの技術と心づかい

初版発行　二〇一五年八月一〇日
3版発行　二〇二一年九月十五日

著者©　平井和光・結野安雄

発行者　丸山兼一
発行所　株式会社柴田書店
〒一一三-八四七七　東京都文京区湯島三-二六-九　イヤサカビル
電話　営業部　〇三-五八一六-八二八二（注文・問合せ）
書籍編集部　〇三-五八一六-八二六〇
URL　https://www.shibatashoten.co.jp
印刷・製本　凸版印刷株式会社
ISBN　978-4-388-06212-6 C2077